DILES

120 razones por las cuales debes ser un ganador de almas

DAG HEWARD-MILLS

Parchment House

Diles. 120 razones por las cuales debes ser un ganador de almas.
Dag-Heward Mills

A menos que se indique lo contrario, las citas bíblicas se tomaron de la Santa Bíblia versión Reina Valera Revisión de 1995.

Extractos del capítulo 1 páginas 45, 58, 63, 65, 70 se tomaron de: The Final Frontier (La Frontera Final) por Richard Kent y Val Fotherby. Usado con permiso. www.finalfrontier.org.uk

Título original en inglés:
Tell Them. 120 Reasons Why You Should Be a Soul Winner.
© 2008 Dag Heward-Mills
Primera Edición

1ª. Edición en español Publicado por Parchment House
© 2011 Dag Heward-Mills
Segunda Impresión 2015

Traducción al español: Adriana Tessore
Revisión: Claudia Huitron Acosta

Para mayor información sobre Dag Heward-Mills
Campaña de Jesús El Sanador
Escribe a: evangelista@daghewardmills.org
Sitio de web: www.daghewardmills.org.mx
Facebook: Obispo Dag Heward-Mills
Twitter: @DagHewardM

Dedicatoria:
A **Jimmy** y **Anita Blavo**
Gracias por el gran trabajo realizado en Basel, Suiza. Han pagado el precio al haberse convertido en misioneros para una nación que envió muchos misioneros a Ghana.

ISBN: 978-9988-8516-3-7

Índice

Introducción

Ganar almas es la importantísima tarea de llevar personas no salvas al Señor Jesucristo.

Ganar almas es algo que puede lograrse a través de las cruzadas, el evangelismo personal, la literatura cristiana, la obra misionera, un desayuno, festivales evangélicos, música cristiana, entre otros.

El método más antiguo para ganar a los perdidos ha sido el sacrificio de las vidas de misioneros que se entregaron por la salvación de naciones, tribus y pueblos enteros.

Otro método común de ganar almas es a través de cruzadas masivas y evangelismo personal.

Este libro trata sobre ganar almas de cualquier manera posible. Es sobre el evangelismo personal; es sobre cruzadas masivas; es sobre libros; es sobre misioneros. Como sea... ¡tenemos que salvar a alguien!

Tal vez te preguntes: «¿Por qué tantas razones?».

Estimado amigo: solo menciono ciento veinte razones de por qué debes ganar almas y te garantizo que hay muchos más motivos que no pude incluir.

Léelas, créelas y percibe el espíritu de Cristo, que es el espíritu de un ganador de almas.

Capítulo 1

Ciento veinte razones por las cuales debes ser un ganador de almas

1. **Debes ser un ganador de almas porque esa es la gran comisión, el gran mandamiento, el gran mandato, la gran instrucción, la gran orden que nuestro Señor y Salvador Jesucristo nos dio.**

   Y acercándose Jesús, les habló, diciendo: Toda autoridad me ha sido dada en el cielo y en la tierra.

   Id, pues, y haced discípulos de todas las naciones, bautizándolos en el nombre del Padre y del Hijo y del Espíritu Santo,

   Enseñándoles a guardar todo lo que os he mandado; y he aquí, yo estoy con vosotros todos los días, hasta el fin del mundo.

   Mateo 28:18-20

2. **Debes ser un ganador de almas porque todos somos llamados a esta gran tarea de ganar almas.**

   Porque muchos son llamados, pero pocos son escogidos.

   Mateo 22:14

   Así, los últimos serán primeros, y los primeros, últimos.

   Mateo 20:16

Lo que dijo William Booth sobre el llamado

¿Dijiste «*No recibí un llamado*»? Creo que deberías decir: «*No escuché el llamado*».

¡Inclina tu oído a la Biblia y escucha Su llamado mientras intentas librar a los pecadores del fuego del pecado! ¡Inclina tu oído al corazón de la humanidad que está cargado y agonizante, y escucha su lastimoso gemido que clama por ayuda!

¡Párate en las puertas del infierno y escucha a los condenados que ruegan que vayas a la casa de su padre para advertir a sus hermanos y hermanas, amos y siervos que no vayan a ese lugar!

Mira el rostro de Cristo, cuya misericordia profesaste obedecer y dile si te unirás de alma, cuerpo y espíritu y circunstancias en la marcha de anunciarle al mundo Su misericordia».

William Booth, *fundador del Ejército de Salvación*

«*Creo que en cada generación Dios llamó a suficientes hombres y mujeres para evangelizar a todas las tribus de la tierra que aún no han sido alcanzadas. No es que Dios no llame. Es el hombre que no responde*».

Isobel Kuhn, *misionera en la China y Tailandia*

3. **Debes ser un ganador de almas porque fuiste creado para cumplir la buena obra de ganar almas.**

Porque somos hechura suya, CREADOS en Cristo Jesús para hacer BUENAS OBRAS, las cuales Dios preparó de antemano para que anduviéramos en ellas.

Efesios 2:10

Una vez tuve una charla con un taxista en Londres. Le dije que era cristiano y comencé a hablarle de Cristo. También le hablé de la realidad del cielo y del infierno. Se rió y me preguntó si en verdad creía lo que decía.

Me preguntó: «Si el cielo es real, ¿por qué entonces los cristianos no se matan y van al cielo?».

Lo que él intentaba decir era que si el cielo era un lugar tan agradable y los cristianos no tenían nada que hacer en la tierra, sería aconsejable trasladarse inmediatamente al cielo.

Si en verdad los cristianos no tienen nada que hacer en la tierra, entonces este hombre hizo una buena observación. No obstante, la realidad es que los cristianos tienen mucho que hacer en la tierra antes de ir al cielo. Debemos testificar y predicar el evangelio de Jesucristo. Debemos ganar a los perdidos a cualquier costo.

La salvación de millones de personas depende de nosotros. Lamento decir que la mayoría de los cristianos no descubrieron todavía la razón por la que son salvos.

La Biblia dice que fuimos salvados por un buen motivo: ¡para buenas obras!

Porque somos hechura suya, CREADOS en Cristo Jesús para hacer BUENAS OBRAS, las cuales Dios preparó de antemano para que anduviéramos en ellas.

Efesios 2:10

Día a día los cristianos caen porque no tienen un propósito que los impulse a permanecer en la iglesia. La gente asiste a la iglesia, pero después de un tiempo, abandonan porque no le encuentran sentido a la vida de la iglesia. Cualquiera que practique el ganar almas comenzará a descubrir el motivo de su salvación. Ganar almas aumenta la autoestima del cristiano.

4. **Debes ser un ganador de almas, porque ganar almas es motivo de gran gozo y activa a los cristianos.**

Después de esto, el Señor designó a otros setenta, y los envió de dos en dos delante de Él, a toda ciudad y lugar ... Y les decía: La mies es mucha ... Id; mirad que os envío ... Los setenta REGRESARON CON GOZO...

Lucas 10:1-3,17

Cada vez que salgas a predicar, volverás con gozo. Hay gozo cuando ganamos almas. No puedo explicarlo. Solo una madre puede explicar lo que se siente cuando nace su bebé. He visto a muchas mujeres con dificultades en el parto, pero ni el dolor ni la dificultad pueden quitarle el gozo.

Cuando lleves personas al Señor, descubrirás lo que significa tener el gozo del Señor. No puedo explicártelo. Tienes que descubrirlo tú mismo. Descubrí que los miembros de mi iglesia se activan cuando participan en la tarea de ganar almas. Ganar almas libera el gozo del Señor en la iglesia.

5. **Debes ser un ganador de almas porque la verdadera grandeza de cualquier iglesia no está en cuántos asientos llena sino en cuántos obreros envía.**

6. **Debes ser un ganador de almas porque ganar almas es lo que hace latir el corazón de Jesús.**

Hace algunos años, tuve una visión. En esta visión, vi un corazón humano cubierto de sangre. El corazón latía. Aquel día, Dios puso en mi corazón que el clamor del corazón de Jesucristo está cosechando los campos. ¡Jesús no dejó Su trono por nada! Vino a este mundo a salvar a los pecadores.

Porque el Hijo del Hombre ha venido a buscar y a salvar lo que se había perdido.

Lucas 19:10

7. **Debes ser un ganador de almas porque ganar almas previene las divisiones en la iglesia.**

Cuando los miembros de tu iglesia están involucrados en actividades fructíferas, no tienen tiempo para disputas insignificantes que provocan divisiones. *Los pastores deben enseñarles a los miembros de su iglesia que un alma es un alma y que es preciosa para Dios.*

Cuando los miembros de la iglesia son conscientes de las almas que necesitan ser ganadas, sus prioridades se convierten en prioridades bíblicas.

Se evitan las divisiones en la iglesia. Cuando muchos cristianos están en un lugar haciendo nada, eso a menudo genera heridas, disputas y aflicciones.

8. **Debes ser un ganador de almas porque ganar almas genera ayuda y protección divina.**

«Difundir o no el evangelio no es nuestra elección. No hacerlo es nuestra muerte».

Peter Taylor Forsyth

Cuando ganas almas, generas ayuda y protección divina en todo lo que haces.

A medida que leas la Biblia, descubrirás que ganar almas produce un gozo celestial. Existe una respuesta celestial a todas y cada una de las almas ganadas para el Señor.

Os digo que de la misma manera, HABRÁ MÁS GOZO EN EL CIELO por un pecador que se arrepiente que por noventa y nueve justos que no necesitan arrepentimiento.

De la misma manera, os digo, HAY GOZO EN LA PRESENCIA DE LOS ÁNGELES de Dios por un pecador que se arrepiente.

Lucas 15:7,10

Las iglesias deben saber por qué existen: para producir almas para el cielo. Las embajadas existen para representar al gobierno de donde provienen. De modo similar, las iglesias son embajadas celestiales.

Muchas personas oran pidiéndole a Dios que los guarde del mal. ¿Sabías que la protección divina está a disposición de todo aquel que toma parte en hacer la voluntad de Dios?

El Salmo 91 lo expresa: Dios te protegerá porque has puesto tu amor en Él.

Porque en mí ha puesto su amor, yo entonces LO LIBRARÉ; lo exaltaré, porque ha conocido mi nombre.

Me invocará, y le responderé; YO ESTARÉ CON ÉL EN LA ANGUSTIA; LO RESCATARÉ y lo honraré;

Lo saciaré de larga vida, y le haré ver mi salvación.

Salmo 91:14-16

Cuando pones tu amor en Dios para agradarlo, Dios dice que te librará. Creo que estoy haciendo la voluntad de Dios. Tal vez es la única razón por la que sigo con vida. Al igual que Pablo, tuve algunas experiencias cerca de la muerte, como accidentes aéreos y automovilísticos.

¿Son servidores de Cristo? (Hablo como si hubiera perdido el juicio.) Yo más. En muchos más trabajos, en muchas más cárceles, en azotes un sinnúmero de veces, a menudo en peligros de muerte.

Cinco veces he recibido de los judíos treinta y nueve azotes.

Tres veces he sido golpeado con varas, una vez fui apedreado, tres veces naufragué, y he pasado una noche y un día en lo profundo.

2 Corintios 11:23-25

En todas estas cosas puedo hablar como Pablo y decir que Dios me libró de todas ellas.

Porque estoy convencido de que ni la muerte, ni la vida, ni ángeles, ni principados, ni lo presente, ni lo por venir, ni los poderes,

Ni lo alto, ni lo profundo, ni ninguna otra cosa creada nos podrá separar del amor de Dios que es en Cristo Jesús Señor nuestro.

Romanos 8:38-39

¡Veo a Dios librándote ahora! ¡Veo a Dios ayudándote en tu momento de angustia! ¡Veo a Dios permanecer contigo porque pusiste tu amor en Él!

¿Quieres permanecer en la voluntad de Dios? ¿Quieres que tu iglesia crezca? Sé hoy un ganador de almas. Verás la diferencia en la iglesia.

Es solo cuando puedo convertir un miembro en ministro que veo cumplida mi tarea pastoral. Quiero que cada uno de los miembros de mi iglesia sea un ganador de almas. Quiero que tengan frutos que mostrar un día. Si no cosechamos almas, no habrá ovejas que cuide el pastor. ¡Todo pastor puede hacer la obra de evangelista!

9. **Debes ser un ganador de almas porque ganar almas evita que le saques brillo a las mismas monedas una y otra vez.**

¿**O qué mujer, si tiene diez monedas de plata y pierde una moneda, no enciende una lámpara y barre la casa y busca con cuidado hasta hallarla?**

Cuando la encuentra, reúne a las amigas y vecinas, diciendo: "Alegraos conmigo porque he hallado la moneda que había perdido."

De la misma manera, os digo, hay gozo en la presencia de los ángeles de Dios por un pecador que se arrepiente.

Lucas 15:8-10

Es importante evitar cometer el error de contar con cuidado y sacarle brillo una y otra vez a aquellas monedas que tenemos atesoradas en vez de ir en busca de la moneda perdida (que es el incrédulo).

¿Por qué será que solo algunas personas se involucran en la tarea de ganar almas? Cuando la gente comienza una nueva iglesia, no vemos que se ganen muchas almas. Es más sencillo comenzarla «robando» ovejas que ganando almas, ¡porque es más fácil destruir que levantar!

Antes que Jesús se marchara, hizo hincapié en predicar el evangelio a los perdidos. Es triste ver que ganar almas ahora se ha convertido en un asunto secundario para la iglesia. Aunque la orden de salir y alcanzar a los perdidos era una prioridad, la hemos dejado de lado.

Muchos de nosotros estamos cometiendo el error de «lustrar las mismas monedas» repetidas veces. Los miembros de la iglesia ya firmes son las nueve monedas que aparecen en el pasaje a continuación. ¡Los ministros pasan la mayor parte del tiempo lustrando estas monedas una y otra vez!

¿O qué mujer, si tiene diez monedas de plata y pierde una moneda, no enciende una lámpara y barre la casa y busca con cuidado hasta hallarla?

Cuando la encuentra, reúne a las amigas y vecinas, diciendo: «ALEGRAOS CONMIGO PORQUE HE HALLADO LA MONEDA QUE HABÍA PERDIDO».

Lucas 15:8-9

La moneda perdida representa a los pecadores que se están muriendo y perdiendo. A veces cuando ministro en una iglesia, contemplo la multitud ¡y pienso dentro de mí que estas son las nueve monedas que voy a volver a lustrar!

Invitamos maestros ungidos y profetas espectaculares para que pulan nuestras monedas. Organizamos seminarios para matrimonios para continuar puliendo. ¡Más brillo! Organizamos células caseras y sacamos más brillo. ¡Y seguimos puliendo! Tenemos reuniones de fin de año para nuestros amados hermanos y hermanas cristianos. ¡Más brillo! Todo esto mientras esa única moneda va cambiando de color en el rincón. Los incrédulos se tornan más y más duros mientras nosotros nos concentramos en nosotros mismos.

Es hora de concentrar la atención en la suprema tarea de la Iglesia: ¡ganar al perdido a toda costa! Es hora de cosechar las masas que esperan un predicador. **Debemos evitar el error de pulir, pulir y pulir la misma moneda.**

Cada cristiano es primero un ganador de almas. Gracias a Dios por los dones para el canto y la actuación, pero primero debes ser un testigo. Una vez que seas un ganador de almas, entonces puedes dedicarte a ser maestro, pastor, músico, cantante o administrador.

Los cristianos que se dedican al canto sin ser ganadores de almas no entienden por qué cantan. A menudo piensan que deben impresionar a la gente con sus canciones bonitas.

Eres un cantante cristiano, no un cristiano que canta... ¡hay diferencia!

Hagamos lo que hagamos en el cuerpo de Cristo, debemos saber que primero tenemos que llevar almas al Señor.

10. Debemos ser ganadores de almas porque debemos salvar a la gente de construir su casa sobre la arena.

Y todo el que oye estas palabras mías y no las pone en práctica, será semejante a un hombre insensato que edificó su casa sobre la arena;

Y cayó la lluvia, vinieron los torrentes, soplaron los vientos y azotaron aquella casa; y cayó, y grande fue su destrucción.

Mateo 7:26-27

Si el SEÑOR no edifica la casa, en vano trabajan los que la edifican; si el SEÑOR no guarda la ciudad, en vano vela la guardia.

Salmos 127:1

11. Debes ser un ganador de almas porque ganar almas evita tener una balanza falsa.

La balanza falsa es abominación al SEÑOR...

Proverbios 11:1

Observo que hay un desequilibrio en la obra del Señor. Una balanza falsa es algo terrible. La Biblia habla del desequilibrio como una abominación. Se pone demasiado énfasis en las iglesias ya establecidas y se descuida a un mundo que se pierde y muere.

Es como si diez personas intentaran levantar un tronco pesado. Nueve en un extremo del tronco y una persona al otro extremo. Es un desequilibrio.

Estadísticas alarmantes

Algunas estadísticas nos dicen que hay alrededor de mil grupos (tribus y razas) de personas que nunca oyeron el evangelio ni siquiera una vez. También se dice que el noventa y cuatro por ciento de los ministros están predicando al nueve por ciento de la población mundial.

¿Qué significa? ¡Significa que el seis por ciento de todos los ministros están luchando con el noventa y un por ciento de la cosecha mundial restante! No es de extrañar que las religiones como el Islam estén ganando terreno en grandes áreas del mundo.

Muchos murieron siendo ganadores de almas

¿Cuántos pastores carismáticos ungidos elegirían ir a las zonas más remotas de un país? Luego de visitar el norte de Ghana, me di cuenta de que muchas personas viven en la mayor miseria. ¡Noté lo difícil que sería que un misionero, de Ghana o de cualquier otro lugar, viviera allí!

Hoy, la gente ya no está dispuesta a hacer grandes sacrificios por la expansión del evangelio.

Estimado amigo: necesitamos recordar que las personas dieron su vida por el establecimiento de la Iglesia. Valoro a los misioneros suizos, alemanes y escoceses que hace muchos años vinieron a Ghana y fundaron la Iglesia. Muchos de ellos murieron a causa de la malaria. Enviaban mensajes contando que todos los misioneros que habían sido enviados estaban muertos. Las iglesias en Europa respondían enviando más misioneros.

Muchos misioneros murieron y otros, como el reverendo F.A. Ramseyer (1868–1869), fueron tomados cautivos y llevados a Kumasi en manos de los invasores Ashanti.

Muchos de estos misioneros como Johannes Christaller lograron importantes hitos como la traducción de la Biblia al twi (un dialecto ghanés), la elaboración de la gramática twi, una colección de 3600 proverbios twi y traducciones de obras doctrinales cristianas al twi.

Johannes Zimmerman fundó las escuelas Basel Mission en Osu y Abokobi (1854). También realizó destacadas traducciones al idioma ga (otro dialecto local).

Todo esto significa que hombres europeos de Dios dieron sus vidas en Ghana por el establecimiento de la Iglesia. Lo hicieron en una época donde no había aviones, electricidad, agua corriente, autos, teléfonos ni televisores. Aun ahora, con muchas de estas comodidades al alcance de la mano, la gente no está preparada para ir en viajes misioneros de similar sacrificio.

Estos apóstoles vinieron sabiendo que sus antecesores habían muerto o habían sido llevados cautivos y asesinados. Puedes maldecir al hombre blanco por el comercio de esclavos. Sin embargo, hubo algunos apóstoles genuinos que nos trajeron el evangelio a nosotros en África. ¡Aprendieron nuestro idioma! ¡Tradujeron la Biblia para nosotros! ¡Vivieron y murieron en medio de un pueblo extraño! ¡Todo esto por amor de Cristo!

¿Dónde está el amor sacrificial por el evangelio y por nuestro Señor? Tengo la sensación de que el cielo revelará un sinnúmero de héroes desconocidos. ¡Las personas que hoy aclamamos como grandes hombres de Dios puede que quizás no sean los que han de recibir los laureles «el día del galardón» en el cielo!

Si nosotros en nuestro propio país no estamos preparados para dar la vida por este evangelio, ¡la iglesia no se va a expandir! Es hora de enviar personas a pueblos y aldeas remotas donde Cristo no es conocido. Es hora de regresar a los días de los verdaderos misioneros. Es hora de que los pastores decidan si son llamados o si simplemente están buscando otra vía de trabajo.

Vi las tumbas de los apóstoles blancos

Recuerdo haber asistido a un funeral en las montañas Akwapim en Ghana. Mientras estaba en el cementerio esperando que comenzara el entierro, decidí hacer una recorrida por las tumbas. Comencé a leer los nombres que aparecían en algunas de las lápidas. Al principio, pensé que solo habría nombres de nativos de Akwapim. Pero quedé sorprendido al encontrar nombres de suizos y alemanes en algunas de las lápidas. Me di cuenta de que estaba ante los nombres de misioneros suizos que habían muerto en aquellas montañas hacía cien años. Me impresionó que estas personas hayan pagado un precio tan alto para que la iglesia se expandiera en Ghana.

Hoy, si hago un llamado convocando misioneros a que vayan a lugares remotos, la respuesta será escasa o nula. No obstante, si hago un llamado para ir a Nueva York o a París, muchos responderán. ¿Qué está pasando? ¿En verdad nos preocupan los perdidos o solo estamos pendientes de convertirnos en pastores prósperos y populares en las grandes ciudades?

¿Una fuente alternativa de empleo?

A menudo me pregunto a qué se refiere la gente cuando dice que son llamados al ministerio. Muchas personas consideran el ministerio a tiempo completo una fuente alternativa de empleo. Yo NO estoy en el ministerio a tiempo completo porque no tenga otro trabajo. Lo tomo como un llamado. Lo veo como algo que tengo que hacer.

Puedo declarar con confianza junto a Pablo: «Ay de mí si no predico el evangelio». Si quisiera ser rico, no sería ministro. Dios me bendijo con una profesión muy noble y lucrativa: la profesión médica.

Por qué escogí ser sacerdote

El ministerio del Señor Jesucristo es un llamado y no debe dejar de serlo. Le preguntaron a un ministro: «¿Cómo fue que llegaste al ministerio?».

Él respondió: «Nunca fui bueno para nada en la escuela, así que decidí ser ministro».

Si ese es el motivo por el que te convertiste en ministro, ¡es probable que no lleves la carga que Jesús llevó! Es probable que no le transmitas a tu congregación la carga por los perdidos.

Es hora que volvamos al llamado original de la iglesia. Es hora que hagamos de ganar almas nuestra labor principal.

Ganar almas es la principal tarea que tenemos en Lighthouse Chapel International. Todos los miembros del coro de mi iglesia participan de avanzadas evangelísticas. Ganan almas y les hacen un seguimiento. ¡Les hice entender que son cantantes cristianos y no cristianos que cantan! Los ujieres de mi iglesia hacen evangelismo personal. En un momento, nuestro ministerio de ujieres creció mucho porque el líder de los ujieres con frecuencia llevaba a sus ujieres a realizar evangelismo en los autobuses.

Analicemos la cantidad de campos para la cosecha y la cantidad de obreros que tenemos. Existe un gran desequilibrio entre los campos y los obreros. Es hora de mirar los mapas y descubrir dónde están los pecadores y buscarlos. **Es hora de que los olvidados escuchen. Es hora de que los pobres escuchen.** Es hora de que los abandonados reciban un poco de luz. Es hora de que las personas se gradúen de la Universidad y digan: «Quiero dedicar el resto de mis días al ministerio del Señor Jesucristo. ¡Quiero ganar a los perdidos a cualquier costo!».

Una mega cruzada

Una vez organicé una cruzada en un parque importante de mi ciudad. Un evangelista había venido de los Estados Unidos a predicar en esta cruzada. Cuando era casi momento del sermón, decidí hacer algo poco común.

Estaba presente una gran multitud. Todos estaban sentados expectantes. Pensé dentro de mí que casi todos los que estaban en esa multitud eran cristianos. Habíamos anunciado el programa por televisión y grandes cantidades de cristianos se habían reunido.

Le dije a los pastores que estaban conmigo: «Mandemos a estas personas a invitar pecadores a la reunión».

Muchos de los pastores se sentían inseguros respecto de lo que pasaba. Les dije: «Nosotros nos reunimos para ganar almas para Cristo. Si no hay almas perdidas entre la multitud, ¿de qué sirve este programa? ¿Por qué invertimos todo este dinero?».

Enviamos a la multitud afuera y muy gustosos invitaron a miles de almas sedientas. Algunos deben de haber pensado que en un foro internacional semejante era inaceptable hacer algo como eso. Pero aquella noche, recogimos una poderosa cosecha de almas para el Señor.

12. **Debes ser un ganador de almas y permitir que el Señor te envíe a ganar almas para que la persecución y otros problemas no tengan que obligarte a salir, como sucedió en la iglesia primitiva.**

Y Saulo estaba de completo acuerdo con ellos en su muerte.

En aquel día se desató una gran persecución en contra de la iglesia en Jerusalén, y todos fueron esparcidos por las regiones de Judea y Samaria, excepto los apóstoles.

Y algunos hombres piadosos sepultaron a Esteban, y lloraron a gran voz por él.

Pero Saulo hacía estragos en la iglesia entrando de casa en casa, y arrastrando a hombres y mujeres, los echaba en la cárcel.

ASÍ QUE LOS QUE HABÍAN SIDO ESPARCIDOS IBAN PREDICANDO LA PALABRA.

Hechos 8:1-4

«Quedarme aquí y desobedecer a Dios ... no podría soportar las consecuencias. Prefiero ir y obedecer a Dios antes que quedarme aquí y saber que desobedecí.»

Amanda Berry Smith

Dios le da una advertencia a la iglesia: «Si no te propagas, Yo mismo te propagaré». ¿Sabías que la iglesia primitiva no obedeció del todo la instrucción de ganar almas?

Dios tiene distintas formas de hacer que lo obedezcamos. Cuando la iglesia primitiva rehusó salir a predicar, Dios le permitió atravesar una fuerte persecución. Envió a un hombre, Saulo, que acosara a la iglesia hasta que la gente fuera obligada a huir de Jerusalén para evitar la muerte.

Muchas iglesias sufren dolorosas divisiones. Si prestas mucha atención, te darás cuenta de que muchas de estas dolorosas divisiones en efecto a la larga conducen al crecimiento de la iglesia. Se debe a que más ministros encuentran lugar para desarrollar sus dones y se fundan más iglesias. **¿Estás esperando que tu iglesia se divida para obedecer a Dios?**

Me río cuando la gente me critica por plantar muchas iglesias dentro de la misma ciudad. Creo que estas personas no saben de qué están hablando. Tengo iglesias anexos muy grandes y exitosas a tan solo metros de donde estoy. La mayoría de estos pastores solían trabajar conmigo en la oficina central. Cuando noté en ellos el potencial para ministrar, los envié a iniciar iglesias. La mayoría de ellos han tenido éxito fundando iglesias bíblicas y sólidas, y todo el ministerio se ha expandido por esto.

13. Debes ser un ganador de almas porque ganar almas cumple el principio de ganar negociando.

Dios nos dio Su gran Salvación. Él espera que nosotros tomemos esta libra de la salvación y la compartamos. Cuando compartimos lo que Él nos ha dado, el don de Dios aumenta. ¿Quieres más unción en tu vida? Existe un proceso por el cual aumentan los dones y la unción. Se llama «ganar negociando».

... para saber lo que habían GANADO NEGOCIANDO.

Lucas 19:15

Cuanto más te ocupes en la obra de Dios, más aumenta la unción. No olvides la historia del noble que les dio a sus siervos diez minas. Les dijo: «Negociad con esto hasta que regrese».

Cuando el amo regresó, algunos siervos tenían más que otros.

Vino el primero, diciendo: Señor, TU MINA [unción] HA GANADO diez minas.

Lucas 19:16, RV60

La mina representa la unción. La mina representa los dones que Dios te ha dado. **¡Ese don aumenta de manera sobrenatural cuando comienzas a trabajar!** Cuando te sumerges en ganar almas y en el evangelismo, la unción derramada sobre tu vida se duplicará y triplicará. *¡Te veo ganando negociando! ¡Te veo ganando una nueva unción negociando con lo que Dios te ha dado! ¡Te veo predicándole a miles y haciendo milagros!*

Siempre disfruto de regresar al aula donde comencé mi ministerio. A veces, me paro fuera de la ventana del aula donde empecé y observo fijamente las pocas sillas que hay allí dentro. Recuerdo haberle predicado a alrededor de diez personas.

Durante años, estuve en el púlpito predicando todos los domingos y martes. Al principio, predicaba a casi cinco personas. Pero sin duda que gané negociando. Ahora ministro a miles de personas cada semana. Siempre le agradezco a Dios por Su misericordia.

14. Debes ser un ganador de almas porque ganar almas te concede el derecho de ascender en el reino.

Luego de mejorar gracias al secreto de ganar negociando, Dios te exaltará usando otro método que yo llamo el «*ascenso del reino*». Ganar negociando hace que la mina que tú tienes aumente. Pero cuando el amo calcule que has ganado algo negociando, recibirás el «ascenso del reino».

Un «ascenso del reino» es una exaltación tan alta que te hace maravillar de cuán lejos te trajo el Señor. El hombre que recibió autoridad sobre diez ciudades no pudo comparar su nueva condición con el trabajo anterior de negociar con diez minas.

… puesto que has sido fiel en lo muy poco, ten autoridad sobre diez ciudades.

Lucas 19:17

Aquel día que recibas el «ascenso del reino», sabrás que Dios te ha exaltado del polvo.

15. Debes ser un ganador de almas porque ganar almas te ayudará a evitar el cargo por asesinato. No querrás ser responsable por la sangre de nadie.

Hijo de hombre, te he puesto por centinela de la casa de Israel; cuando oigas la palabra de mi boca, adviérteles de mi parte.

Cuando yo diga al impío: «Ciertamente morirás», si no le adviertes, si no hablas para advertir al impío de su mal camino a fin de que viva, ese impío morirá por su iniquidad, pero yo demandaré su sangre de tu mano.

Ezequiel 3:17-18

¿Qué significa: «Yo demandaré sangre de tu mano»? Recuerdo cuando mi padre, un abogado, fue el defensor de un hombre que estaba acusado de homicidio. Mi esposa Adelaide y su amigo el reverendo Sackey, eran abogados novatos y trabajaban con mi padre. Fue un caso interesante de seguir.

Ambas familias, las del acusado y las del difunto, estuvieron presentes en la Corte. Antes que el jurado comunicara el veredicto final, el reverendo Sackey tuvo que pronunciar un discurso final en defensa del acusado. La sala estaba llena de gente, todos tensos mientras las dos familias seguían el juicio. Las partes interesadas querían saber si este hombre era o no culpable.

¿Qué estaba pasando? La gente demandaba la sangre del granjero asesinado de las manos del acusado.

Cuando la Biblia dice que Dios demandará de tu mano la sangre de los pecadores, significa que se te pedirá que respondas por cargo de homicidio. Estoy seguro de que no te consideras un asesino. Pero al negarte advertirles a los pecadores, al negarte realizar cruzadas y al negarte hacer evangelismo puerta a puerta, indirectamente estás enviando la gente al infierno. ¡Dios dice que Él te hará responsable! Por eso es que debes predicar el evangelio en toda esquina, en todo camino y en toda calle.

Debemos tener la actitud de que la salvación de todo el mundo depende de nosotros. Sin esta actitud, siempre asumiremos que algún evangelista celoso hará el trabajo.

Estimado amigo: hoy hay muy pocos evangelistas celosos. Los evangelistas reciben muy poco apoyo por la obra que realizan. Parece que es mucho más rentable ser pastor que ser evangelista. Las ofrendas que hay a disposición de los evangelistas no pueden compararse a las ofertas que los pastores reciben de cristianos rechonchos y millonarios que se sientan en los bancos de la iglesia.

¿Por qué motivo querría una persona ser evangelista? Sin duda que es un trabajo ingrato y las recompensas solo se encuentran en la eternidad. Creo que Dios bendice en forma divina a cualquiera que elija ganar almas y hacer de ello la labor de su vida.

16. Debes ser un ganador de almas porque tendrás pies hermosos.

¿Y cómo predicarán si no fueren enviados? Como está escrito: ¡Cuán hermosos son los pies de los que anuncian la paz, de los que anuncian buenas nuevas!

Romanos 10:15, RV60

¡Cuán hermosos son los pies de los que predican el evangelio y traen buenas noticias! ¿Qué son las buenas noticias? ¿Es la buena noticia de que ha llegado el tendido eléctrico a tu pueblo? ¿Es la buena noticia de que ahora en tu aldea hay un tendido de agua potable? ¿Es la buena noticia de que tenemos un nuevo presidente? ¡No! Estas no son las buenas noticias del evangelio. **No hay noticia como el evangelio de Jesucristo.** Es la única respuesta a los problemas de una raza humana perdida.

El mundo entero está confundido. Si se vendieran uno o dos misiles de cruceros, ¡podrían solucionarse los problemas de millones de personas! Hay un desequilibrio en la distribución de la riqueza. Los pobres son cada vez más pobres y los ricos cada vez más ricos. Pareciera que algunas zonas de la tierra estuvieran maldecidas. Muchas personas no alcanzan a llegar a fin de mes.

En los países subdesarrollados, la gente habla de la crisis económica mundial y de que los niños no tienen suficiente alimentos para comer. En el próspero mundo occidental, ¡la gente está preocupada porque algunos no tendrán pavo y ensalada que comer en la cena de Navidad! ¡Cada uno tiene sus problemas!

¿Cuál es la buena noticia que estas personas necesitan? Todos necesitamos el evangelio. El evangelio es bueno para los ricos y para los pobres. **El evangelio es buena noticia tanto para las naciones orientales como las occidentales.** La predicación de Jesucristo tiene poder en la tierra de los comunistas y también en la tierra de los capitalistas.

17. **Debes ser un ganador de almas porque este debe ser el énfasis de la iglesia de los últimos tiempos: ganar al mundo y anticipar la segunda venida de Cristo.**

Porque muchos vendrán en mi nombre, diciendo: «Yo soy el Cristo», y engañarán a muchos. Y habréis de oír de guerras y rumores de guerras. ¡Cuidado! No os alarméis, porque es necesario que todo esto suceda; pero todavía no es el fin.

Porque se levantará nación contra nación, y reino contra reino, y en diferentes lugares habrá hambre y terremotos.

Pero todo esto es sólo el comienzo de dolores. Entonces os entregarán a tribulación, y os matarán, y seréis odiados de todas las naciones por causa de mi nombre.

Muchos tropezarán entonces y caerán, y se traicionarán unos a otros, y unos a otros se odiarán. Y se levantarán muchos profetas falsos, y a muchos engañarán. Y debido al aumento de la iniquidad, el amor de muchos se enfriará.

Pero el que persevere hasta el fin, ése será salvo. Y este evangelio del reino se predicará en todo el mundo como testimonio a todas las naciones, Y ENTONCES VENDRÁ EL FIN.

Mateo 24:5-14

Veo una última oleada de poder milagroso llegando a esta tierra. Va a ayudarnos a alcanzar los campos listos para la siega. ¡Dios nos apoyará! El poder del Espíritu Santo está en nosotros a medida que recogemos la cosecha. *¿Sabías que el rapto no sucederá hasta que el evangelio haya sido predicado en todas las naciones?*

Jesús nos dio las señales del fin. La última señal específica fue la predicación del evangelio en todas las naciones.

El fin del mundo depende de las almas que ganes para Cristo. Levantémonos unidos y provoquemos el regreso de Jesucristo para gobernar este mundo en autoridad y poder.

18. **Debes ser un ganador de almas porque esa es la marca distintiva de ser cristiano.** Como expresó *James S. Stewart:* «La preocupación por la evangelización mundial … nunca puede ser el terreno de unos cuantos entusiastas, la actividad suplementaria ni una especialidad de quienes parecen estar inclinados a ello. Es la marca distintiva de ser cristiano».

Recoger a los perdidos es la primera y principal tarea de toda la iglesia. Les hablo a los profetas. Les hablo a los maestros. Les hablo a los cantantes. Les ministro a los administradores. El evangelio es lo primero. ¡Debemos ganar al perdido a cualquier costo!

Pero PRIMERO el evangelio debe ser predicado a todas las naciones.

Marcos 13:10

Hagamos de ganar almas nuestra tarea principal. Que sea el enfoque más importante de toda iglesia. Esa es la Gran Comisión que se nos encomendó. Cuando nuestros coros ministren en una canción, que nuestro objetivo sean los perdidos.

Estimado profeta: cuando el Señor te utilice para ministrar en señales y milagros, recuerda que las señales y los milagros son para *atraer a los pecadores a Cristo.* Si las señales y los milagros solo se usan para atraer a tu grupo gente rica, entonces no has entendido por qué Dios te hizo profeta.

Los dones del ministerio no te son dados para adquirir lindas casas y autos. Son instrumentos de poder para recoger la cosecha. Cuando las personas se acerquen a ti con problemas económicos y maritales, llévalos primero a Cristo. Asegúrate que sean salvos en el Señor.

Una vez, un anciano vino a verme. Tenía una serie de problemas. Quería que orara por su clínica, por su matrimonio y por su hogar. ¡Él sentía que necesitaba liberación, ministración y oración!

Le hice una pregunta simple: «¿Naciste de nuevo?».

¡Ni siquiera sabía lo que significaba! Al instante me di cuenta de que este hombre *primero* necesitaba a Cristo. Inmediatamente lo guié en la oración del pecador para recibir al Señor. Después de eso, consideré sus otros problemas.

Estimado amigo renovador: ¡me pone muy contento oír del espectacular despliegue de señales y milagros en tu ministerio! Hemos pasado años orando para que las señales y los milagros regresen a la iglesia. Pero por el amor de Dios, recuerda por qué las señales y los milagros fueron restaurados a la iglesia. Fueron restaurados para la cosecha. Usa tu capacidad de juntar multitudes para ganar almas.

He visto a grandes multitudes reunirse en las megaiglesias de hoy. Es patético verlas reunirse y dispersarse una y otra vez sin que se haga un simple llamado al altar de la salvación. Si no hacemos lo correcto con el crecimiento de la iglesia, Dios levantará a otros. ¡Debemos ganar a los perdidos a cualquier costo!

19. Debes ser un ganador de almas hoy y vencer el pecado de la distracción.

Pero si aquel siervo es malo, y dice en su corazón: «Mi señor tardará»;

Y empieza a golpear a sus consiervos, y come y bebe con los que se emborrachan,

Vendrá el señor de aquel siervo el día que no lo espera, y a una hora que no sabe,

Mateo 24:48-50

En el pasaje anterior, el siervo estaba distraído y comenzó a preocuparse por destruir a sus siervos. Es muy fácil distraerse de la tarea principal. La iglesia se ha acomodado de tal manera que a veces pierde de vista por qué existe. Como ministro a tiempo completo, intento mantenerme enfocado en mi llamado.

Creo en la interacción entre iglesias. No obstante, hay veces cuando esas interacciones pueden causar distracción. Contrario a la creencia tradicional, se ha demostrado que mucha interacción entre las iglesias no conduce al crecimiento de la iglesia. Muchas veces se han producido heridas y discusiones como consecuencia. Los pastores terminan perdiendo gran cantidad de tiempo limando sus diferencias y todo ese tiempo podría haberse invertido en cumplir el llamado principal.

Nuestra iglesia una vez fue atacada por una turba de individuos que arrojaban palos y piedras. Tuvimos una seria confrontación con ellos y muchas personas salieron heridas en el proceso. La escena fue transmitida por los canales de televisión nacionales y muchas personas se enteraron del incidente.

Me sorprendió, aunque no me escandalicé, cuando escuché que algunos cristianos dijeron: «¡Se lo merecen!». Muchas personas están celosas del éxito de su hermano y se meten en problemas tal como lo hicieron Caín y Abel. Es muy natural. Aprendí a quedarme en mi rincón y hacer la obra de Dios. Los conflictos y las divisiones dentro de la iglesia pueden también distraerte de tu objetivo principal de alcanzar a los perdidos.

Si tu iglesia está metida en un conflicto interno serio, te daré una sugerencia. ¡Emprende actividades de extensión inmediatamente! No digas: «Esperaré que el problema se resuelva antes de embarcarme en evangelismo». Embarcarse en actividades de extensión te ayudará a alejar tu atención del problema.

20. **Debes ser un ganador de almas hoy y vencer el pecado de procrastinación.**

   Y Moisés dijo a Faraón: Dígnate decirme cuándo he de rogar por ti, por tus siervos y por tu pueblo, para que las ranas sean quitadas de ti y de tus casas y queden solamente en el río.

   Y él respondió: Mañana.

   Éxodo 8:9-10

Faraón podría haber sido librado de las ranas ese mismo día pero pidió que las ranas fueran quitadas al día siguiente. Qué extraño es que posterguemos cosas importantes para más tarde cuando podríamos hacerlas inmediatamente.

El enemigo cardinal de toda obra evangelística y de extensión es el demonio de la procrastinación. Alcanzar a otros a menudo se posterga para más tarde. Algunas personas llegan hasta cancelar sus programas de evangelización.

«Le testificaré mañana», dicen. «Haremos una cruzada el año que viene; después de todo, tenemos otros problemas más urgentes que resolver.»

Hace años, aprendí algo muy importante de una reunión de la Asociación de Empresarios del Evangelio Pleno. Me invitaron a un desayuno como conferencista principal. Cuando terminé de ministrar, me senté en el escenario mientras concluían la reunión con algunos anuncios.

Uno de los anuncios me sorprendió y el Señor me habló en ese momento. Anunciaron que su próxima actividad de extensión se realizaría el mes siguiente.

Justo allí, el Señor me mostró que estas personas habían planeado una rigurosa agenda de actividades de extensión mensuales que no eran negociables. No eran negociables en el sentido de que no podían ser postergadas ni canceladas. Los oradores de las reuniones, en algunos casos, habían sido programados con un año de anticipación. Sea que hubiere un maremoto, un trastorno económico o un desastre político, la obra de extensión se realizaría. **A partir de ese momento, me convencí de que organizar actividades de extensión mensuales para cada ministerio y asociación dentro de mi iglesia era el camino a seguir.**

Hay muchas preocupaciones y problemas en esta vida. Muchas personas están luchando por pagar las cuotas de la escuela, construir casas y comprar alimentos para comer. Muchas personas tienen problemas matrimoniales y no saben cómo llevar paz al hogar. Dicen: «¿Cómo puedo pensar en evangelizar cuando tengo tantos problemas?».

Las preocupaciones del mundo … ahogan la palabra.

Marcos 4:19

Estimado amigo cristiano: no dejes que las preocupaciones de este mundo ahoguen el llamado de Dios para tu vida. ¡Te veo levantarte a pesar de todo peso y dificultad en tu vida! ¡El que gana almas es sabio! ¡Sé sabio ahora! ¡Gana un alma hoy! ¡El alma que lleves al Señor puede convertirse en una bendición para ti en distintas maneras!

… **el que gana almas es sabio.**

Proverbios 11:30

«*Sin reservas, sin arrepentimientos, sin retiradas*».

William Borden

21. Debes ser un ganador de almas porque por eso vino Jesús a la tierra.

Porque el Hijo del Hombre HA VENIDO A BUSCAR y a salvar lo que se había perdido.

Lucas 19:10

22. Ganar almas es una tarea importante si queremos ser semejantes a Cristo.

¿Cuántos de nosotros queremos ser semejantes a Cristo? Cristo fue un ganador de almas y, para imitarlo, debemos ser ganadores de almas.

Porque el Hijo del Hombre HA VENIDO A BUSCAR y a salvar lo que se había perdido.

Lucas 19:10

23. Debes ser un ganador de almas porque todo cristiano es básicamente un «testigo» de lo que experimentó con Cristo.

Puede ser un maestro, pastor, escritor, cantante, profeta, músico, administrador, pero es básicamente un ganador de almas.

Pero recibiréis poder cuando el Espíritu Santo venga sobre vosotros; y me seréis testigos en Jerusalén, en toda Judea y Samaria, y hasta los confines de la tierra.

Hechos 1:8

James S. Stewart dijo: «La preocupación por la evangelización mundial no es algo extra al cristianismo personal del hombre, que puede tomar o dejar según quiera. Está arraigado al carácter de Dios que vino a nosotros por medio de Cristo Jesús. Por lo tanto, nunca puede ser el terreno de unos cuantos entusiastas, la actividad suplementaria ni una especialidad de quienes parecen estar inclinados a ello. Es la marca distintiva de ser cristiano».

J. Stuart Holden expresó: «"Id" es una parte del evangelio de Cristo tanto como "vengan a mí". No eres siquiera un cristiano hasta que hayas honestamente enfrentado la responsabilidad con respecto a llevar el evangelio hasta los confines de la tierra».

24. **Debes ser un ganador de almas porque la mies es sumamente grande y muy pocos cristianos están preocupados por esta tarea.**

   Entonces dijo a sus discípulos: A LA VERDAD LA MIES ES MUCHA, mas los obreros pocos.

   Mateo 9:37, RV60

25. **Ganar almas es importante porque demuestra que tienes el corazón del Padre, que tuvo compasión por los perdidos.**

   Y viendo las multitudes, TUVO COMPASIÓN de ellas, porque estaban angustiadas y abatidas como ovejas que no tienen pastor.

   Mateo 9:36

26. **Debes ser un ganador de almas porque el equilibrio divino del ministerio muestra que el veinte por ciento de todo ministerio debe ser destinado al evangelismo.**

   La Escritura es clara al mencionar que uno de los ministerios primarios de los apóstoles, profetas, pastores, maestros y evangelistas está dedicado totalmente a la tarea de ganar a los perdidos. En nuestro ministerio moderno, mucho menos del veinte por ciento está dedicado a la evangelización. En realidad, casi todo ministerio está dedicado a la tarea de pastorear y profetizar a las prósperas y rechonchas ovejas existentes.

Y Él dio a algunos el ser apóstoles, a otros profetas, a otros evangelistas, a otros pastores y maestros;

Efesios 4:11

27. Debes ser un ganador de almas porque más de mil personas no han oído el evangelio ni siquiera una vez. Los olvidados también deben oír.

Y vi volar en medio del cielo a otro ángel que tenía un evangelio eterno para anunciarlo a los que moran en la tierra, y a toda nación, tribu, lengua y pueblo,

Apocalipsis 14:6

a. Si el mundo tuviera 100 personas, 60 serían de Asia.
b. Si el mundo tuviera 100 personas, 13 serían de África.
c. Si el mundo tuviera 100 personas, 12 serían de Europa.
d. Si el mundo tuviera 100 personas, 9 serían de América del Sur.
e. Si el mundo tuviera 100 personas, 5 serían de América del Norte.
f. Si el mundo tuviera 100 personas, 1 sería de Oceanía.

A partir de la distribución anterior, puedes ver que el énfasis del ministerio reside en unos cuantos prósperos estadounidenses. La mayor parte de la mies cayó en manos de varios cultos y religiones mientras los cristianos siguen haciendo énfasis en una prosperidad «sin cruz» y en un mensaje sin sacrificio que debilita nuestra capacidad de alcanzar a los perdidos. Otra estadística interesante es que el noventa y cuatro por ciento de todos los pastores le predican al nueve por ciento de la mies mundial y el seis por ciento de todos los pastores le predican al noventa y uno por ciento de la mies mundial.

William Borden expresó, mientras reflexionaba en la cantidad de obreros cristianos en los Estados Unidos comparado con los que están entre los pueblos no alcanzados en China: «Si diez hombres están llevando un tronco (nueve de ellos en el extremo liviano y uno en el extremo pesado) y tú quieres ayudarlos, ¿qué extremo levantarías?».

28. **Ganar almas es importante para prevenir que las religiones falsas invadan nuestra comunidad.** Este es un efecto evidente por la falta de evangelización en la iglesia.

29. **Ganar almas es importante porque no pueden escuchar ni ser salvos sin alguien que les predique.**

> ¿Cómo, pues, invocarán a aquel en quien no han creído? ¿Y cómo creerán en aquel de quien no han oído? ¿Y cómo oirán sin haber quien les predique?
>
> **Romanos 10:14**

30. **Ganar almas es importante ahora porque vendrá la noche cuando nadie puede trabajar.**

Cierto día, Jesús dijo algo profético. Expresó: «Debo trabajar mientras es de día; la noche viene cuando nadie puede trabajar». No importa lo ungido o dotado que estés. No podrás trabajar de noche.

> **Me es necesario hacer las obras del que me envió, entre tanto que el día dura; LA NOCHE VIENE, CUANDO NADIE PUEDE TRABAJAR.**
>
> **Juan 9:4, RV60**

Jesús habló de una época cuando nadie podría hacer la obra de Dios. Habló de un tiempo cuando nadie podría evangelizar ya más. Mira los campos; verás que la noche cayó en ciertas partes del globo. Resulta imposible ahora cosechar los campos en esas zonas del mundo.

Considera las naciones islámicas. Hay millones de personas bajo la nube de un gobierno islámico estricto. El cristianismo está prácticamente prohibido en muchos de esos lugares. Es muy peligroso predicar el evangelio en algunos países.

¿Recuerdas los días de la Unión Soviética? El comunismo sofocó la vida de toda iglesia verdadera. Muchos rusos murieron sin oír el evangelio de Jesucristo porque era técnica, física y legalmente imposible predicar en ese lugar.

Mira hoy algunas regiones de África. Muchas naciones africanas son campos de batalla. No puedo enviar un marido ni a un padre a ciertos países de África. ¿Cómo le explicaría a la esposa si el pastor es asesinado? Es imposible conducir a través de ciertas naciones africanas. Los rebeldes han tomado grandes zonas de muchos países.

La noche cayó en esos lugares. Por eso es que necesitamos aprovechar cada oportunidad. Muchas personas creen que la paz siempre prevalecerá.

Mira los países como Liberia y Zaire, que disfrutaron muchos años de paz relativa. Tal vez no supimos que era de día en esos lugares. Mientras escribo este libro, hay guerra en la ex Zaire. No puedo ir allá y no me gustaría enviar a alguien tampoco. La noche llegó cuando nadie puede trabajar en Zaire.

En algunos países occidentales como Suiza, los cristianos no pueden predicar en las calles ni realizar cruzadas con la libertad que tenemos en Ghana. La policía interrogó a nuestro pastor suizo durante un concierto evangelístico. Mientras tanto, las tiendas de ocultismo y brujería están surgiendo libremente en toda Suiza.

Muchas partes de Europa son terreno resistente al evangelio. El espíritu del ateísmo está tan afianzado que la predicación del evangelio ahora parece absurda.

No obstante, hay muchos lugares donde la noche todavía no cayó. Es más sencillo predicar el evangelio de Jesucristo en estos lugares. Aun en naciones donde el evangelio está permitido, verás que algunos sectores de la población son más abiertos al evangelio.

31. Ganar almas es importante porque da visión a una iglesia.

Los ministros tienen visión cuando se vuelven ganadores de almas. Los empresarios tienen visión cuando se vuelven ganadores de almas. Los cristianos comunes tienen visión cuando se vuelven ganadores de almas. Ganar almas es la gran visión que todas las iglesias deben tener.

Donde no hay visión, el pueblo se desenfrena, pero bienaventurado es el que guarda la ley.

Proverbios 29:18

32. **Debes ser un ganador de almas porque los pastores tienen el deber de velar por las almas perdidas que se encuentran a su alrededor.**

Y viendo las multitudes, tuvo compasión de ellas, porque estaban angustiadas y abatidas como ovejas que no tienen pastor.
Entonces dijo a sus discípulos: La mies es mucha, pero los obreros pocos.

Mateo 9:36-37

Me doy cuenta que muchos cristianos, y aun pastores, no notan la cosecha de almas a su alrededor. ¡Veo a las multitudes que me rodean y me pregunto si estas personas conocen a Cristo!

A veces, cuando voy conduciendo hacia la iglesia, veo las multitudes caminando por las calles. A menudo me pregunto: «¿Cuántas de estas personas conocen a Cristo como su Salvador? ¿Cuántos en verdad morirán en Cristo? ¿Cuántos de ellos van a la iglesia los domingos por la mañana?».

Hace poco, mi esposa y yo íbamos por las calles de Johannesburgo (en Sudáfrica), una hermosa ciudad. Vimos muchos edificios lindos. En un punto del recorrido, tuvimos un buen panorama de toda la ciudad iluminada con miles de luces.

Mientras miraba hacia abajo, de repente pensé dentro de mí en cuántas personas hay en el mundo. Sudáfrica está lleno de almas. No solo vi los lindos edificios sino también la vastedad de la cosecha, que prácticamente no ha sido tocada.

Estimado amigo: hay millones de personas a tu alrededor. No sé si notaste que hay muchísimas almas preciosas a quienes les queda poco tiempo de vida antes de saborear la eternidad. ¿Cuántas personas morirán en Cristo? ¿Cuántas volverán a vivir?

31

Todo pastor debe tener una carga por las almas. ¡La carga por las almas no es solo para los evangelistas! El Señor Jesús dio testimonio de sí diciendo:

Yo soy el buen pastor...

Juan 10:11

Un buen pastor es un buen ministro. Jesús fue el mejor pastor que vivió sobre la tierra y aun así dijo:

Porque el Hijo del Hombre ha venido a BUSCAR y a SALVAR LO QUE SE HABÍA PERDIDO.

Lucas 19:10

Un buen pastor es alguien que busca y salva a los perdidos. Algunas personas piensan que un buen pastor solo piensa en cuidar de las ovejas que ya tiene. ¿Recuerdas este pasaje?

Palabra fiel y digna de ser aceptada por todos: Cristo Jesús vino al mundo para salvar a los pecadores, entre los cuales yo soy el primero.

1 Timoteo 1:15

33. Debes ser un ganador de almas porque es la tarea suprema de cualquier clase de ministro, incluso si no son evangelistas.

Dios le dio al cuerpo de Cristo un ministerio con cinco pilares para garantizar que la obra de Cristo continúe. Tenemos apóstoles, profetas, evangelistas, pastores y maestros. ¿Cuál es el deber de estos diferentes ministerios? **El objetivo final de cada ministerio es ganar a los perdidos para Cristo.**

Cuando vas al hospital, encuentras secretarias, personal de limpieza y cadetes. Todas estas personas que trabajan en el hospital tienen el objetivo final de brindar servicios de salud para la comunidad. Cada una de las secretarias que el hospital contrata debe saber que las cartas que escribe contribuyen a este fin. Lo mismo sucede con los pastores, los profetas y los maestros. Nuestro objetivo final es recoger la cosecha. Cuando olvidamos el motivo principal por el que la iglesia existe, comenzamos a caer en el error.

A veces cuando hablas con los pastores, es imposible no darse cuenta de que ganar almas es una de las últimas cosas que tienen en mente. ¿Cómo sé que muchos ministros no se preocupan más de las almas? Escuchando lo que predican y viendo cómo se realizan las reuniones. Muchos ministros tienen reuniones sin hacer un llamado al altar para los perdidos. Esto demuestra que la salvación de los perdidos no es una carga en sus corazones porque «de la abundancia del corazón habla la boca». **Cuando veo una gran multitud, se me ocurre que hay almas que pueden salvarse.** Luego de un despliegue impresionante de poder, ¿qué sucede con las almas que están perdidas? Puedo ver la mies. Puedo ver los campos blancos y maduros prácticamente sin tocar.

Las elecciones ponen en evidencia los campos para la siega

En 1996, se realizaron elecciones presidenciales y parlamentarias en Ghana. De los varios partidos políticos que competían, había dos contrincantes principales. Luego de haber terminado la votación aquel sábado, los resultados de toda la nación comenzaron a divulgarse.

Yo estaba despierto orando en mi estudio a eso de las 3 de la mañana siguiente cuando decidí encender el televisor. La estación de televisión había organizado un panel de analistas para debatir los resultados de la elección a medida que llegaban.

Aquel amanecer, vi los campos blancos de almas aun de manera más vívida. Durante los pocos minutos que miré, llegaron los resultados de las elecciones de tres ciudades importantes. En todas ellas, el partido opositor había ganado por márgenes muy grandes. Las cifras mostraban varios miles de votos a favor del partido opositor.

Pensé: «¡Vaya! ¡Parece que va ganando la oposición!».

Apagué el televisor y me concentré en preparar las reuniones del domingo. A media mañana, comenzaron a llegar los resultados de las elecciones de aldeas remotas y distritos no urbanizados. Esta vez, la historia era diferente. El partido gobernante estaba teniendo una victoria aplastante. Ganaron tantos votos en zonas rurales y distantes que devoraron por completo las victorias que el partido opositor había logrado en las grandes capitales. Miré los resultados y noté nombre de lugares que nunca antes había escuchado.

Mientras miraba las elecciones ascender a favor del partido gobernante, Dios me habló. Dijo: «Hay muchos más seres humanos allá afuera en esta nación que lo que puedes ver». Agregó: «La verdadera cosecha está allí, en las aldeas y los pueblos remotos».

Me mostró que las masas de gente están allá afuera, lejos de las grandes ciudades. Pensé dentro de mí que de los miles de personas allá afuera en las zonas rurales, ¡cuántos conocerán realmente al Señor!

A veces nos ponemos contentos cuando tenemos doscientas personas en la iglesia de la ciudad. Es porque no podemos ver el alcance de los campos para la siega con que estamos tratando. **¡Hay miles y miles de seres humanos allá afuera, más allá de las rutas principales y más allá de las ciudades!** ¿Quién irá? ¿Cómo oirán de Jesucristo? ¿Cómo pueden creer a menos que escuchen? ¿Y cómo podrán escuchar el evangelio a menos que alguien vaya y les predique?

¿Cómo, pues, invocarán a aquel en quien no han creído? ¿Y cómo creerán en aquel de quien no han oído? ¿Y CÓMO OIRÁN SIN HABER QUIEN LES PREDIQUE?

Romanos 10:14

Debemos convertirnos en ganadores de almas porque debemos llevar a cabo toda la obra de evangelistas.

Pero tú, sé sobrio en todas las cosas, sufre penalidades, haz el trabajo de un evangelista, cumple tu ministerio.

2 Timoteo 4:5

Heme aquí, envíalo a él

Es fácil lograr que un pastor vaya a Nueva York o Copenhague. Sin embargo, no es sencillo lograr que un misionero vaya a uno de los pueblos menos conocidos de África. Si los pastores vieran la enormidad de la siega, tal vez se darían cuenta que necesitamos concentrarnos en evangelizar.

34. Ganar almas es el trabajo principal de la iglesia.

Pero PRIMERO el evangelio DEBE SER PREDICADO a todas las naciones.

Marcos 13:10

El rol principal de la iglesia no es construir escuelas. Esa es tarea del Ministerio de Educación. El trabajo principal de la iglesia no es abrir hospitales. Esa es tarea del Ministerio de Salud. La tarea principal de la iglesia no es construir orfanatos. Son todas cosas buenas y creo en todas ellas. Pero ninguna es la razón principal por la que Dios levantó la iglesia.

¿Cuántas iglesias se han convertido en clubes sociales y grupos políticos? Alguno pensará que estoy en contra de que las iglesias funden escuelas y hospitales. ¡Te equivocas! Que la iglesia funde escuelas y hospitales es algo bueno. Yo fui a una escuela católica. Las iglesias conducen las mejores escuelas y hospitales en Ghana. Lo que estoy diciendo es que no es *lo primero* que la iglesia debe hacer. No es nuestra tarea principal. Tal vez sea la función secundaria o terciaria de la iglesia.

¡Toda institución debe saber cuál es su rol principal!
¿Estarías contento si mandaras a tu hijo a la escuela y lo principal fuera asistir a largas reuniones de oración todos los días sin aprender nada? ¡Claro que no! La escuela debe educar al niño y no organizar reuniones de oración que duren todo el día. No hay nada de malo si la escuela tiene una reunión semanal o un tiempo

devocional diario. Es algo distinto. Sin embargo, cada institución cumple un rol principal. **Cuando haces del rol secundario la función principal, la institución se torna completamente confusa e irrelevante.**

Hay veces cuando los pastores reciben la presión del gobierno y la comunidad para que cambien su énfasis. Escucharás a importantes oficiales del gobierno decir cosas como por ejemplo: «Le recomendamos a la iglesia convertirse en un ente más *relevante a nivel social* en vez de orar todos los días». Escucharás a dignatarios dirigirse a los líderes de la iglesia: «Le pedimos a la iglesia que suministre electricidad a su aldea de modo que podamos sentir el aporte de la iglesia». «Si la iglesia puede cavar más perforaciones para esta aldea, su relevancia para la sociedad será valorada».

¡Estimado amigo: cavar perforaciones y suministrar agua para una comunidad no es lo que hace relevante a la iglesia! No es nuestra tarea principal. ¡La Cabeza de la iglesia, Jesucristo, nos ha dado clara instrucciones de IR AL MUNDO Y PREDICAR!

Predicar y enseñar es la principal tarea de las iglesias y los ministros. Predicar y enseñar el evangelio es lo que hace relevante a la iglesia. Deseo recalcárselo a cualquier político que quiera hacer de la iglesia lo que él llama «relevante».

Como hemos perdido nuestra pasión por ganar almas, la gente comenzó a vernos como una especie de institución social que reparte necesidades sociales. Cuando predicamos y enseñamos, las personas son salvas y sus vidas son transformadas. ¡Es el mejor aporte que podemos hacer a la sociedad!

35. Debes ser un ganador de almas porque ganar almas produce convertidos que provocan cambios fundamentales en la sociedad.

Aun habiendo sido yo antes blasfemo, perseguidor y agresor. Sin embargo, se me mostró misericordia porque lo hice por ignorancia en mi incredulidad. Pero la gracia de nuestro Señor fue más que abundante, con la fe y el amor que se hallan en Cristo Jesús. Palabra

fiel y digna de ser aceptada por todos: Cristo Jesús vino al mundo para salvar a los pecadores, entre los cuales yo soy el primero.

1 Timoteo 1:13-15

El apóstol Pablo es el mejor ejemplo de alguien cuya conversión provocó cambios fundamentales en el mundo.

¿Cuál es la úlcera más grande que destruyó a la mayoría de las naciones africanas? ¿No es la corrupción? Ghana está dotada de riquezas, pero aun así la mayoría de nuestra gente es pobre. La corrupción ha dejado su marca en las masas. La situación es tan negativa que cargamentos enteros de cacao pueden desaparecer en altamar. ¿Cómo es posible?

Un método moderno de corrupción surgió en Ghana: la inflación de las cifras de los contratos. Proyectos que deberían haber costado dieciséis millones de dólares terminaron costándole a la nación veinticuatro millones de dólares.

¿A dónde van los ocho millones de dólares? ¡Directo a los bolsillos privados! Contratos inflados se firman todos los días y la nación pierde millones de dólares en los bolsillos vampiros.

Cuando la gente nace de nuevo y aprende la Palabra de Dios, se niegan a participar de la corrupción y otras obras malas. Esta es una de las áreas donde la iglesia se hace relevante. Cuando la iglesia predica la rectitud reduce en gran manera la corrupción en la nación.

¿No es acaso África el campo de batalla de muchas guerras civiles y conflictos? ¿No es el evangelio un evangelio de paz? Cuando la gente escucha la Palabra de Dios, ¿no eligen la paz en vez de la guerra?

Tuve varios ex líderes estudiantes de ideas radicales en mi iglesia. Estas personas una vez estuvieron políticamente en llamas, luchando contra las autoridades en cualquier causa frívola y contraria que encontraban. Hoy son ciudadanos pacíficos nacidos de nuevo que sirven y construyen su nación.

La iglesia no tiene por qué abandonar sus deberes principales. Estimado cristiano: nunca nos olvidemos de que estamos en medio de los campos para la cosecha: blancos y maduros, listos para ser recogidos. Yo respeto mucho a los ministros que han permanecido en su llamado original. Hace poco escuché a un evangelista por televisión. Este hombre ha dirigido varias cruzadas mundiales. ¡Lo escuché hablando de la mies y me emocioné!

Me dije a mí mismo: «Gracias a Dios que este hombre ha permanecido con el llamado original».

Tengo una visión

Tengo una visión: ganar a los perdidos a cualquier costo. Es una visión que ha estado ardiendo en mi espíritu. Quiero ver a la gente salvarse. No creo que la respuesta a las necesidades de la humanidad esté en alguna solución política. Tampoco la colonización ni la independencia puede ayudarnos. La democracia, la «limpieza» o las revoluciones no son la respuesta a los problemas de África ni del mundo.

Alguien me preguntó si no quería ayudar a la gente usando mi profesión médica. Le dije: «En verdad quiero ayudar a la gente pero sé que puedo ayudarla mejor dándoles el evangelio».

Si a un hombre le das una tableta de quinina y le salvas la vida, ¿qué hiciste en realidad? Extendiste su vida en esta tierra por unos días más. ¿Y qué de la eternidad? Cuando se pare frente al Dios Todopoderoso, el mensaje de salvación lo ayudarán mucho más que cuatro tabletas de cloroquina.

Estoy ayudando a la gente mucho más predicando el evangelio que practicando la medicina. Es un hecho; es la realidad.

Estimado amigo: tengo una visión de plantar iglesias donde encuentre gente. Quiero ganar a los perdidos a cualquier costo. Tengo la visión de capacitar a tantos predicadores como sea posible. Quiero que los hombres y las mujeres sean tan fructíferos como puedan. Tengo el sueño de que Dios me use para recoger Su mies.

Gracias a Dios por los médicos, los maestros y los políticos. Dejen que ellos se concentren en sus trabajos y yo me concentraré en el mío. Me dirijo a mis compañeros ministros del evangelio. ¡Dirijo su atención a los campos que están maduros y esperando obreros!

36. Debemos ser ganadores de almas para que los perdidos también se beneficien del gran tesoro de la salvación.

a. La mayoría de las personas solo adquieren tesoros en la tierra. Esto es una necedad.

A los ricos en este mundo, enséñales que no sean altaneros ni pongan su esperanza en la incertidumbre de las riquezas, sino en Dios, el cual nos da abundantemente todas las cosas para que las disfrutemos.

1 Timoteo 6:17

También les refirió una parábola, diciendo: La tierra de cierto hombre rico había producido mucho.

Y pensaba dentro de sí, diciendo: «¿Qué haré, ya que no tengo dónde almacenar mis cosechas?».

Entonces dijo: «Esto haré: derribaré mis graneros y edificaré otros más grandes, y allí almacenaré todo mi grano y mis bienes.

»Y diré a mi alma: Alma, tienes muchos bienes depositados para muchos años; descansa, come, bebe, diviértete».

Pero Dios le dijo: «¡Necio! Esta misma noche te reclaman el alma; y ahora, ¿para quién será lo que has provisto?».

Así es el que acumula tesoro para sí, y no es rico para con Dios.

Lucas 12:16-21

b. Hay tesoros eternos escondidos en el cielo.

Sino acumulaos tesoros en el cielo, donde ni la polilla ni la herrumbre destruyen, y donde ladrones no penetran

ni roban; porque donde esté tu tesoro, allí estará
también tu corazón.

Mateo 6:20-21

c. Los tesoros espirituales del cielo están escondidos. El
cielo está escondido. La sangre de Jesús está escondida. La
vida abundante está escondida. No es evidente al buscador
común.

d. Debes renunciar a todo por el tesoro del reino.

**El reino de los cielos es semejante a un tesoro escondido
en el campo, que al encontrarlo un hombre, lo vuelve
a esconder, y de alegría por ello, va, vende todo lo que
tiene y compra aquel campo.**

Mateo 13:44

e. Dios nos insta a todos a pagar el precio de su gran tesoro
espiritual.

**Compra la verdad y no la vendas, adquiere sabiduría,
instrucción e inteligencia.**

Proverbios 23:23

**Todos los sedientos, venid a las aguas; y los que no tenéis
dinero, venid, comprad y comed. Venid, comprad vino
y leche sin dinero y sin costo alguno.**

Isaías 55:1

f. Dios te ofrece los tesoros de Su misericordia, Su sangre y
Su perdón.

**En Él tenemos redención mediante su sangre, el perdón
de nuestros pecados según las riquezas de su gracia.**

Efesios 1:7

**¿O tienes en poco las riquezas de su bondad, tolerancia
y paciencia, ignorando que la bondad de Dios te guía al
arrepentimiento?**

Romanos 2:4

g. Dios te ofrece los tesoros de vida eterna y abundante.

A mí, que soy menos que el más pequeño de todos los santos, se me concedió esta gracia: anunciar a los gentiles las inescrutables riquezas de Cristo,

Efesios 3:8

h. Dios te ofrece los tesoros del cielo mismo.

En la casa de mi Padre hay muchas moradas; si no fuera así, os lo hubiera dicho; porque voy a preparar un lugar para vosotros.

Y si me voy y preparo un lugar para vosotros, vendré otra vez y os tomaré conmigo; para que donde yo estoy, allí estéis también vosotros.

Juan 14:2-3

i. Paga el precio hoy y recibe las riquezas de Cristo y la salvación.

Y aún más, yo estimo como pérdida todas las cosas en vista del incomparable valor de conocer a Cristo Jesús, mi Señor, por quien lo he perdido todo, y lo considero como basura a fin de ganar a Cristo,

Filipenses 3:8

37. Debes ser un ganador de almas para que puedas ser una de las estrellas que brillarán para siempre.

Los entendidos brillarán como el resplandor del firmamento, y los que guiaron a muchos a la justicia, COMO LAS ESTRELLAS, POR SIEMPRE jamás.

Daniel 12:3

Dios prometió en Su Palabra que los que ganan almas y los que llevan muchas vidas a Cristo disfrutarán un estado de estrellato permanente en el cielo.

La gloria de las estrellas del cine y del pop de este mundo es fugaz. Algunas de estas estrellas eran tan famosas que todo el mundo las conocía. Unos cuantos años después, fueron olvidados. Sus nombres ya no se mencionan. De hecho ya no son estrellas.

Dios ha prometido que todo aquel que gane almas será para siempre una estrella. Gracias a Dios que tu estrellato celestial no será temporal.

Hay varias otras recompensas especiales preparadas para aquellos que vivieron y trabajaron por Jesús.

38. Debes ser un ganador de almas para que seas invitado a comer del árbol de la vida.

«El que tiene oído, oiga lo que el Espíritu dice a las iglesias. Al vencedor le daré a COMER DEL ÁRBOL DE LA VIDA, que está en el paraíso de Dios.»

Apocalipsis 2:7

Habrá una ocasión especial donde se servirá una cena en el Árbol de la Vida. Algunos estaremos invitados. ¿Recuerdas cuando hubo una función importante a la que no te invitaron? ¡Qué doloroso fue! Asegúrate de estar invitado a comer del Árbol de la Vida.

Estas cosas parecen premios insignificantes. Un día, importará si los tienes o no. Todo aquel que venza en el ministerio recibirá esta invitación especial.

39. Debes ser un ganador de almas para que seas invitado a la familia real del cielo.

... Sé fiel hasta la muerte, y yo te daré la CORONA de la vida.

Apocalipsis 2:10

¡Una corona distingue a la realeza de los plebeyos! Si piensas que en la tierra hay clases sociales, prepárate para el cielo. Si piensas que las diferencias entre la familia real y el resto de nosotros los plebeyos es demasiado grande, ¡entonces prepárate!

Afortunadamente, tú y yo tenemos la posibilidad de adquirir una corona y ser parte de la realeza en el cielo. Tendrás la posibilidad de formar parte de la familia real en el cielo.

Los misioneros que fueron fieles hasta la muerte pueden esperar ser miembros de la familia real del cielo.

40. Debes ser un ganador de almas para que escapes del daño de la segunda muerte.

El que tiene oído, oiga lo que el Espíritu dice a las iglesias. El que venciere, NO SUFRIRÁ DAÑO de la segunda muerte.

Apocalipsis 2:11, RV60

Parece que algunas personas serán lastimadas por la segunda muerte. Dicho de otra manera: sufrirán daños al pasar por esta experiencia. La Biblia nos enseña que algunas personas serán salvas como por fuego.

Si la obra de alguno es consumida por el fuego, sufrirá pérdida; sin embargo, él será salvo, AUNQUE ASÍ COMO POR FUEGO.

1 Corintios 3:15

Ser salvo por fuego significa que todo se consume pero la persona sobrevive. *Aunque seas salvo, sufrirás grandes pérdidas de propiedades y bienes personales.* Todo el que venciere tiene esta gran promesa. No serás lastimado ni tampoco sufrirás daño en el proceso de la segunda muerte. Espero que veas las ventajas amontonarse a medida que vences en el ministerio.

41. Debes ser un ganador de almas para que puedas disfrutar del maná escondido.

Al que venciere, daré a comer DEL MANÁ ESCONDIDO...

Apocalipsis 2:17, RV60

¿Qué es el maná escondido? ¿Para qué sirve este maná escondido en mi vida? Estimado amigo: no sabes a qué pertenece el maná en el cielo. Tal vez los que tengan este maná escondido gocen alguna gran ventaja allí.

43

Cuando eres pequeño, no conoces el significado de ciertas cosas. No conoces la importancia de ser un ciudadano estadounidense. Como niño, no significa nada para ti, pero si fueras adulto es probable que valores tener ser un ciudadano de los Estados Unidos. Quizás el maná escondido sea como esto: un objeto de gran importancia que descubrirás solo cuando llegues al cielo.

42. Debes ser un ganador de almas para que tengas una piedra blanca.

... les daré también UNA PIEDRA BLANCA, en la que está escrito un nombre nuevo que nadie conoce sino quien lo recibe.

Apocalipsis 2:17, DHH

¿Qué es una piedra blanca y para qué me sirve? Una vez más, probablemente descubramos su valor cuando lleguemos al cielo. Me imagino por qué no piensas mucho en esta piedra blanca. Después de todo, ¿qué significa una piedra en la tierra? Sin embargo, déjame decirte que puede ser aquello que todos en el cielo anhelemos. ¡No te pongas celoso si yo tengo una piedra blanca y tú no!

43. Sé un ganador de almas para que seas puesto sobre las naciones.

Y al vencedor, al que guarda mis obras hasta el fin, LE DARE AUTORIDAD SOBRE LAS NACIONES;

Apocalipsis 2:26

Me alegra comunicarte que, aquellos que hagan la obra del Señor, serán puestos como gobernantes de los distintos países del mundo. Tal vez tú seas el presidente de México. Tal vez seas puesto sobre Fiji. Te sentarás en un trono y gozarás de una condición increíble.

Quedé fascinado cuando leí «*The Final Quest*» (La búsqueda final) de Rick Joyner. Había toda clase de personas sentadas en los gloriosos tronos. El autor describía cómo los más insignificantes de estos tronos eran más importantes que cualquier trono terrenal.

La gente gobernaba ciudades terrenales y otros eran gobernantes de los asuntos del cielo. Otros tenían a su cargo los asuntos de la creación física, como las estrellas y las galaxias.

¡Qué reales se hicieron estos pequeños pasajes! No perdamos nuestros tronos. ¡Gana a los perdidos a cualquier costo y serás puesto sobre las naciones!

44. Debes ser un ganador de almas para que recibas la estrella de la mañana.

Al que venciere y guardare mis obras hasta el fin … le daré LA ESTRELLA DE LA MAÑANA.

Apocalipsis 2:26,28, RV60

Esta estrella de la mañana es una de las recompensas que solo entenderemos en el cielo. Qué será la estrella de la mañana… nadie sabe.

No obstante, te garantizo que cuando llegues al cielo estarás contento de tener una estrella de la mañana.

45. Debes ser un ganador de almas para que cumplas todas las buenas obras que Dios preparó para ti.

Porque somos hechura suya, creados en Cristo Jesús para hacer buenas obras, las cuales Dios preparó de antemano para que anduviéramos en ellas.

Efesios 2:10

Lee la historia de *Jim Sepulveda* que murió en la mesa de operaciones y lo cubrieron con una sábana. Volvió a la vida ocho minutos después. Se le pidió que regresara a la tierra para acabar su obra.

Jim Sepulveda, de los Estados Unidos, viajó por el mundo contando su testimonio y predicando. En marzo de 1994, Dios decidió que había llegado la hora y a la edad de 54 años, murió en Canadá mientras iba de camino a su casa regresando de una gira.

«Era una de esas operaciones que realizan mientras estás consciente. Estuve despierto todo el tiempo y todo parecía marchar bien. Apenas habían llegado a la última maniobra cuando de repente, sentí un dolor abrasador en medio del corazón. El dolor se extendió hacia los hombros y por el pecho y hacia los costados. Cuando empecé a perder la conciencia, pude sentir que los médicos golpeaban mi pecho.

"Jesús, si llegó la hora de ir a casa, estoy listo –pensé–. Te amo". Una paz invadía todo mi ser y no tenía temor a la muerte. Una oscura sombra comenzó a rodearme... podía escuchar voces desde lejos que hacían eco como un túnel: "Lo perdemos... lo perdemos... lo perdemos...". Abrí los ojos y estaba parado en un campo, rodeado de acres de verdes pastos.

Las hojas resplandecían como si un pequeño reflector las iluminara desde el fondo. A mi derecha se tendía una deslumbrante superficie de flores vibrantes, de colores que nunca antes había visto. Por encima de mí, el cielo infinito estaba de un azul puro y profundo. El aire alrededor de mí estaba impregnado de amor.

Caminé por una colina, unos cuantos metros y me detuve al pie de un gran árbol. Una luz comenzó a aparecer detrás del árbol. El aura enceguecedora era demasiado brillante para mirarla de manera directa. Bajé la mirada al suelo y entonces vi que un par de sandalias comenzaban a aparecer en el borde inferior de la luz. A medida que levantaba la mirada, alcancé a ver el borde de un vestido largo blanco sin costuras. Al mirar más arriba, pude distinguir la figura del cuerpo de un hombre. Alrededor de su cabeza, irradiaba un brillo más brillante que impedía ver claramente su rostro. Aunque no podía verlo por el deslumbrante esplendor, al instante supe quién era este hombre. Estaba en presencia de Jesucristo.

"Jim, te amo. –Su voz se derramó sobre mí, indescriptiblemente amable, tierna, pacífica. –Pero todavía, no es tu hora. ***Debes regresar porque todavía tienes muchas obras que hacer para Mí.***" Quedé petrificado, incapaz de emitir sonido. Por dentro, me quejaba que nunca iba a regresar. Quería quedarme justo allí al lado de Él. Casi insinuando una sonrisa, habló de nuevo: "Jim, te amo, pero todavía no te llegó la hora". Luego el resplandor que lo rodeaba me alcanzó y me envolvió y me sumergió en una sensación de paz y amor. No sé cuánto tiempo estuve paralizado pero finalmente me di vuelta y comencé a caminar por la colina. Una neblina azul de luz comenzó a rodearme como bruma. Se hizo una sombra oscura y todo se volvió negro. *De repente, abrí los ojos y me di cuenta de que estaba en la mesa de cirugía cubierto con una sábana. Más tarde supe que pasé ocho minutos clínicamente muerto.* Todos habían abandonado la sala de operaciones excepto el cirujano principal y uno de sus asistentes. *Estaban en la parte trasera de la sala llenando un informe sobre mi muerte.* Unos segundos después, me senté. La sábana se deslizó hasta las piernas y vi a dos hombres en el extremo de la sala dándome la espalda.

"Caballeros –anuncié– ¡estoy listo para proseguir, ¿y ustedes?!" Se dieron vuelta y me miraron pálidos. "Trae al resto del equipo aquí pronto", le dijo el cirujano a su asistente.

Realizaron un análisis tras otro. Temprano la mañana siguiente, el cirujano vino a mi habitación y anunció que me daba el alta. "Vuelva a mi oficina esta noche a las 8.30 y revisaremos todos los resultados de los nuevos análisis."

Aquella noche, le conté a mi médico lo que experimenté durante esos ocho minutos que estuve muerto en la mesa de operación. "Jim –dijo después que terminé– voy a mostrarte algo que no creerás." Juntos miramos la nueva imagen de mi corazón. Más que agrandarse, estaba del tamaño normal. Donde había una oclusión del ochenta y cinco por ciento en dos arterias, ahora no había arteriosclerosis y la válvula principal funcionaba normalmente.

"¡Te hicimos análisis tras análisis, Jim! –Me miró y guiñó el ojo. –Esto es extra oficial... –Vi una lágrima aparecer en la comisura de su ojo pero en su rostro había una sonrisa–. Según esta imagen, este Jesús del que estuviste hablando reemplazó tu corazón o lo reparó."»

46. **Debes ser un ganador de almas para llevar vestidos de diseño celestial.**

El que venciere será vestido de VESTIDURAS BLANCAS...

Apocalipsis 3:5, RV60

Las personas que venzan en el ministerio serán provistas de vestiduras especiales.

En la mayoría de las universidades, durante la ceremonia de graduación, las togas que se usan tienen un significado. Simbolizan tus logros y representan tu rango dentro del mundo académico. Por ejemplo: tres barras en la manga de la toga con frecuencia indican un doctorado. A medida que caminemos en el cielo, los que tengan estas vestiduras especiales ocuparán un rango distinguido según los logros terrenales que hayan alcanzado. Presta atención: estas vestiduras no son para todos sino para «el que venciere». ¡Gana a los perdidos a cualquier costo!

47. Debes ser un ganador de almas para recibir una recomendación divina.

El que venciere ... CONFESARÉ SU NOMBRE delante de mi Padre, y delante de sus ángeles.

Apocalipsis 3:5, RV60

Al llegar al cielo, puede que recibas o no una recomendación especial de parte de Jesús hacia el Padre. En el ejército, por ejemplo, una vez acabada una guerra, puedes ser recomendado por tu oficial al mando. Si eres recomendado al gobierno por tu valentía, recibes premios como el corazón púrpura o una medalla de honor del congreso. Estimado amigo: cuando acabe la batalla final, se harán recomendaciones. ¿Acaso tendrá tu oficial al mando algo en qué recomendarte? ¡Oro que así sea!

Al recibir este premio, serás llevado al Padre en presencia de los ángeles y recibirás muchos elogios por tus buenas obras. Esto sucederá en presencia de los ángeles y las huestes celestiales. Entenderás por qué recibirás el respeto de todo el mundo, si Jesús te señala y le dice al Padre: «Este fue un hijo especial que hizo más que su porción. Concédele una condición especial en el cielo». Déjame decirte algo amigo: ¡estás asegurado! No todos recibirán semejante recomendación.

Estimado cristiano: apunta a alcanzar estas recompensas gloriosas. Gana a los perdidos a cualquier costo y entonces Jesús te recomendará al Padre.

48. Debes ser un ganador de almas de modo que recibas un autógrafo divino.

Al que venciere, yo lo haré columna en el templo de mi Dios, y nunca más saldrá de allí; y escribiré sobre él el nombre de mi Dios, y el nombre de la ciudad de mi Dios, la nueva Jerusalén ... y MI NOMBRE NUEVO.

Apocalipsis 3:12, RV60

Estimado amigo: la gente «compra» nombres todo el tiempo. El nombre de MacDonald's o la franquicia se adquiere por una gran suma de dinero. Remeras de polo, camisas, cinturones y zapatos llevan nombres que hacen que la gente los compre.

No es extraño que una de las recompensas que se les otorgue a algunas personas privilegiadas sea tener escrito sobre ellos la etiqueta con el nombre de Dios.

Tal vez tu bata diga *El' Shaddai.* Tal vez tu ropa de diseño sea etiquetada *Elohim.* Quizás tu cinturón diga *Jehovah Nissi.* Cuando la gente reconozca en ti esta ponderosa firma, serás distinguido de otros en el cielo.

49. Debes ser un ganador de almas porque Jesús está parado golpeando a la puerta del corazón de un pecador.

He aquí, yo estoy a la puerta y llamo; si alguno oye mi voz y abre la puerta, entraré a él, y cenaré con él y él conmigo.

Apocalipsis 3:20

50. Debes ser un ganador de almas para que puedas recibir posiciones celestiales.

Al vencedor, le concederé sentarse conmigo en mi trono, como yo también vencí y ME SENTÉ CON MI PADRE EN SU TRONO.

Apocalipsis 3:21

La exaltación a alturas increíbles te espera a medida que haces la voluntad de Dios. Serás exaltado a los puestos más altos, según este pasaje. Tal vez no conozcas el valor de estar sentado en un trono. Después de todo, nunca te sentaste a algo parecido a un trono estando en la tierra. Quizás pienses que puedes vivir sin semejante privilegio. No dejes que el diablo te engañe. No debes perder esta gran recompensa. ¡Debes ganar a los perdidos a cualquier costo!

51. Debes ser un ganador de almas para que Dios tenga piedad de ti y te bendiga.

Cuando ganes almas, Dios te bendecirá porque Él quiere que Su salvación sea conocida en todas las naciones. Dios hará resplandecer Su rostro sobre ti porque eres un ganador de almas.

Dios tenga piedad de nosotros y nos bendiga, y haga resplandecer su rostro sobre nosotros; (Selah) para que sea conocido en la tierra tu camino, entre todas las naciones tu salvación.

Salmos 67:1-2

52. Debes ser un ganador de almas y vencer el pecado del etnocentrismo.

Cuando sufres el pecado de etnocentrismo vives con la creencia que tu raza, tribu o nacionalidad es superior a todas las demás. Los apóstoles en Judea padecían este pecado y no alcanzaban a la gente que no era judía.

Los apóstoles y los hermanos de toda Judea se enteraron de que también los gentiles habían recibido la palabra de Dios.

Así que cuando Pedro subió a Jerusalén, los defensores de la circuncisión lo criticaron diciendo: Entraste en casa de hombres incircuncisos y comiste con ellos.

Entonces Pedro comenzó a explicarles paso a paso lo que había sucedido:

Hechos 11:1-4, NVI

53. **Debes convertirte en un ganador de almas para evitar cometer el error de pescar en una tina.**

a. Pedro pescó almas en las calles de Jerusalén.

Por mano de los apóstoles se realizaban muchas señales y prodigios entre el pueblo; y estaban todos unánimes en el pórtico de Salomón.

Pero ninguno de los demás se atrevía a juntarse con ellos; sin embargo, el pueblo los tenía en gran estima.

Y más y más creyentes en el Señor, multitud de hombres y de mujeres, se añadían constantemente al número de ellos, a tal punto que aun sacaban los enfermos a las calles y los tendían en lechos y camillas, para que al pasar Pedro, siquiera su sombra cayera sobre alguno de ellos.

También la gente de las ciudades en los alrededores de Jerusalén acudía trayendo enfermos y atormentados por espíritus inmundos, y todos eran sanados.

Hechos 5:12-16

b. Felipe pescó almas en la ciudad de Samaria, un lugar despreciado. Cualquier ganador de almas experimentado evitará los campos duros e infructuosos.

Felipe, descendiendo a la ciudad de Samaria, les predicaba a Cristo. Y las multitudes unánimes prestaban atención a lo que Felipe decía, al oír y ver las señales que hacía.

Porque de muchos que tenían espíritus inmundos, éstos salían de ellos gritando a gran voz; y muchos que habían sido paralíticos y cojos eran sanados.

Y había gran regocijo en aquella ciudad.

Hechos 8:5-8

¿No decís vosotros: "Todavía faltan cuatro meses, y después viene la siega"? He aquí, yo os digo: Alzad vuestros ojos y ved los campos QUE YA ESTÁN BLANCOS PARA LA SIEGA.

Juan 4:35

Jesús, el ganador de almas por excelencia, entendió el concepto de los campos maduros e inmaduros. Describió los campos maduros diciendo que ya estaban «blancos para la siega».

Cuando te involucres en la tarea de ganar almas, pronto comenzarás a alejar tus esfuerzos de los campos que no estén listos. Las personas que no son ganadoras de almas están cómodas en los campos inmaduros pero un verdadero segador siempre está buscando campos listos.

c. Pablo pescó almas en el Areópago.

Entonces Pablo poniéndose en pie en medio del Areópago, dijo: Varones atenienses, percibo que sois muy religiosos en todo sentido.

Hechos 17:22

d. Pablo pescó almas en la isla de Malta.

Y una vez que ellos estaban a salvo, nos enteramos de que la isla se llamaba Malta.

Y los habitantes nos mostraron toda clase de atenciones, porque a causa de la lluvia que caía y del frío, encendieron una hoguera y nos acogieron a todos.

Hechos 28:1-2

Es un error intentar cosechar los campos que no están listos. Todo ganador de almas debe saber que los campos de Dios maduran en distintos tiempos. Las puertas de ciertas regiones se abren de manera divina por una época. Después de un tiempo, estas puertas se cierran.

54. Para evitar el error de sembrar la semilla en terreno pedregoso.

Quédate con los campos maduros. Ve donde las puertas estén abiertas. Por eso me encanta predicarles a los jóvenes. Todos los años organizo programas en cada una de las universidades de Ghana. Disfruto predicar en las escuelas secundarias. Veo una respuesta altamente positiva de parte de los jóvenes. Los jóvenes son mi campo maduro.

Recuerdo haber conversado con un hombre de ochenta años en un banquete de bodas. Durante la ceremonia, yo había predicado un mensaje de salvación. Este hombre había estado en la congregación y había escuchado todo lo que dije.

Me llamó a un costado durante el banquete y me dijo:

—Quiero que sepas algo.

—¿Qué, señor? —pregunté.

—¡Quiero que sepas que no voy a cambiar nunca! —afirmó.

—¡Ah! —contesté.

«¡Nunca naceré de nuevo!»

Prosiguió: «¡Tengo ochenta años y no voy a cambiar nunca! ¡Quiero que sepa que nunca naceré de nuevo! ¡Soy tradicionalista, pertenezco a la iglesia anglicana y no voy a nacer de nuevo nunca!».

¡Quedé desconcertado! Nunca había escuchado a alguien hablar así. Este hombre estaba diciendo que era insensible y reacio al evangelio. Hay muchas personas con estas características. Predicarles a ellos da muy poco resultado.

Quédate con los campos blancos y maduros. Dios bendecirá tus esfuerzos evangelísticos. Los pobres a menudo son más abiertos a recibir el evangelio que los ricos. Por lo tanto, predícale más a los pobres que a los ricos.

Cuando inviertas tiempo en campos que no estén maduros, la tarea de evangelizar te desanimará. Verás que no da frutos y que es una pérdida de tiempo. Quédate con los campos maduros. ¡Dios te los dio! ¡Gana a los perdidos a cualquier costo!

55. Ganar almas fue el PRIMER MANDAMIENTO que Jesucristo nos dio a todos nosotros, Sus discípulos.

Jesús, al encontrarse por primera vez con Sus discípulos, les dijo:

… Seguidme, y yo os haré pescadores de hombres.

Mateo 4:19

La idea de alejar a Pedro y a Juan del oficio de la pesca era convertirlos en cosechadores de almas.

56. Ganar almas fue el ÚLTIMO MANDAMIENTO que Jesucristo nos dio a todos nosotros, Sus discípulos.

Estando en una colina solitaria con once discípulos, Jesús dio su último mandamiento emotivo.

Y les dijo: ID POR TODO EL MUNDO y predicad el evangelio a toda criatura.

Marcos 16:15

¿Cuáles fueron las últimas palabras de Jesús?

Las últimas palabras de una persona son probablemente las palabras más importantes que dirá. Hace algunos años, leí sobre un avión que tuvo un serio problema. Mientras volaba sobre unas montañas, el piloto les informó a todos los que estaban a bordo que iban a estrellarse; de hecho, se estrellaron y todos los pasajeros murieron. Parece que tuvieron diez o quince minutos antes de estrellarse. Muchos de los pasajeros, mientras pudieron, escribieron notas y mensajes a sus seres queridos. Nunca olvidaré aquella escena en televisión. No podía dejar de preguntarme qué contenían esos mensajes y esas notas. Cualquiera que sabe que se marcha para siempre probablemente deje un mensaje muy importante como palabras finales.

Entonces, ¿cuáles fueron las últimas palabras de Jesús? ¿Acaso dijo: «Vayan y enriquezcan a la gente»? ¿Dijo: «Vayan y construyan escuelas y hospitales»? ¿Dijo: «Vayan y tomen las riendas del poder político»? ¡No! Anunció que la iglesia debía ir y predicar el evangelio en tantos países como fuera posible. Nos dijo que vayamos lejos llevando las buenas noticias del reino.

57. Debes ser un ganador de almas porque *Oswald J. Smith* afirmó: «Nadie tiene el derecho de escuchar el evangelio dos veces si hay alguien que no lo haya oído una vez».

58. **Debes ser un ganador de almas porque** *Oswald J. Smith* **declaró: «Cualquier iglesia que no tome en serio cumplir la Gran Comisión perdió el derecho bíblico de existir».**

Dicho de otra manera: solo la iglesia que cumple su obligación misionera justifica su existencia.

59. **Debes ser un ganador de almas porque** *Oswald J. Smith* **dijo: «Hablamos de la segunda venida cuando la mitad del mundo nunca escuchó hablar de la primera».**

60. **Debes ser un ganador de almas porque** *Keith Green* **expresó: «Esta generación de cristianos es responsable por esta generación de almas en la tierra».**

61. **Debes ser un ganador de almas porque** *C.T. Studd* **afirmó: «Si Jesucristo fue Dios y murió por mí entonces no hay ningún sacrificio demasiado grande que yo pueda hacer por Él».**

62. **Debes ser un ganador de almas porque** *Keith Wright* **escribió: «A Dios le importan los perdidos y, por tanto, deben importarnos a nosotros».**

63. **Debes ser un ganador de almas porque** *J.G. Morrison,* **suplicando con los nazarenos en la Gran Depresión de los años 1930 a favor de sus misioneros preguntó: «¿Acaso no puedes hacer un poquito más?».**

64. **Debes ser un ganador de almas porque** *David Livingstone,* **misionero en África, dijo: «La compasión no sustituye a la acción».**

65. **Debes ser un ganador de almas porque** *David Livingstone* **declaró: «Si la comisión de un rey terrenal es un honor, ¿cómo puede ser que la comisión de un rey celestial sea considerada un sacrificio?».**

66. **Debes ser un ganador de almas porque hay miles de lugares donde nunca llegó un ganador de almas.**

Robert Moffat (quien inspiró a David Livingstone) dijo: «En la vasta llanura al norte he visto a veces, bajo el sol de la mañana, el humo de miles de pueblos que jamás han sido visitados por un misionero».

67. **Debes ser un ganador de almas porque si el Espíritu Santo está en nosotros debemos tener grandes visiones y sueños de ganar almas para el Señor.**

Y sucederá en los últimos días ‑dice Dios‑ que derramaré de mi Espíritu sobre toda carne; y vuestros hijos y vuestras hijas profetizarán, vuestros jóvenes verán visiones, y vuestros ancianos soñarán sueños.

Hechos 2:17

Francis Xavier, misionero en la India, declaró: «Diles a los estudiantes que abandonen sus pequeñas ambiciones y vengan a oriente a predicar el evangelio de Cristo».

68. **Debes ser un ganador de almas porque debemos tomar nuestras cruces y seguir el ejemplo de Cristo, que murió cumpliendo la voluntad de Dios.**

Entonces Jesús dijo a sus discípulos: Si alguno quiere venir en pos de mí, niéguese a sí mismo, tome su cruz y sígame.

Mateo 16:24

Cuando *James Calvert* salió como misionero a los caníbales de las islas Fiji, el capitán del barco trató de convencerlo de que regresara diciéndole: «Si te metes en medio de esos salvajes, perderás tu vida y las vidas de los que van contigo». A lo que Calvert respondió: «Nosotros morimos antes de venir aquí».

69. **Debes ser un ganador de almas porque *John Keith* Falconer expresó: «Tengo solo una vela de vida y prefiero consumirla en una tierra llena de oscuridad que en una tierra llena de luz».**

70. **Debes ser un ganador de almas porque *William Carey* (el padre de las misiones modernas) escribió: «Espera**

grandes cosas de Dios; emprende grandes cosas para Dios».

71. Debes ser un ganador de almas porque *Henry Martyn*, misionero en la India y Persia, declaró: «El espíritu de Cristo es el espíritu de las misiones. Cuanto más nos acercamos a Él, misioneros más intensos debemos ser».

72. Debes ser un ganador de almas porque *Hudson Taylor*, misionero en la China, enseñó: «La Gran Comisión no es una opción que debamos considerar. Es un mandamiento que debemos obedecer».

73. Debes ser un ganador de almas porque *Dave Davidson* dijo: «Si encontraras una cura para el cáncer, ¿no sería inconcebible esconderla del resto de la humanidad? Cuánto más inconcebible mantener en silencio la cura para la eterna paga de la muerte».

En el día de las buenas nuevas, los leprosos no se quedaron callados y las escondieron del resto de los hambrientos. No debemos guardar silencio y esconderla del resto del mundo.

Por lo cual se levantaron y huyeron al anochecer, y abandonaron sus tiendas, sus caballos y sus asnos y el campamento tal como estaba, y huyeron para salvar sus vidas.

Cuando llegaron los leprosos a las afueras del campamento, entraron en una tienda y comieron y bebieron, y se llevaron de allí plata y oro y ropas, y fueron y lo escondieron; y volvieron y entraron en otra tienda y de allí también se llevaron botín, y fueron y lo escondieron.

Entonces se dijeron el uno al otro: NO ESTAMOS HACIENDO BIEN. HOY ES DÍA DE BUENAS NUEVAS, PERO NOSOTROS ESTAMOS CALLADOS; si esperamos hasta la luz de la mañana, nos vendrá castigo. Vamos pues, ahora, y entremos a dar la noticia a la casa del rey.

2 Reyes 7:7-9

74. **Debes ser un ganador de almas porque *Dave Davidson* dijo: «Durante el tiempo de vida que tengamos, ¿no sería triste si pasáramos más tiempo lavando los platos, aplastando moscas, cortando el pasto o mirando televisión que orando por las misiones mundiales?».**

75. **Debes ser un ganador de almas porque Dios no quiere que nadie perezca en el infierno.**

El Señor no se tarda en cumplir su promesa, según algunos entienden la tardanza, sino que es paciente para con vosotros, NO QUERIENDO QUE NADIE PEREZCA, sino que todos vengan al arrepentimiento.

2 Pedro 3:9

Porque de tal manera amó Dios al mundo, que dio a su Hijo unigénito, para que todo aquel que cree en El, NO SE PIERDA, mas tenga vida eterna.

Juan 3:16

La historia del *Rev. Ron Reagan* y su experiencia de ver a sus hermanos ardiendo en el infierno es un recordatorio aterrador de cómo las personas que no son salvas perecen en el infierno:

«Un día decidí llevar a mi hijito Ronnie Paul a un pueblo llamado Pigeon Ford, a un pequeño mercado que había allí. Mientras cruzaba la puerta del mercado, un hombre salía. No se detuvo y yo tampoco. El odio y la violencia nacieron en mí y golpeé su cabeza contra el marco. El hombre se cayó sobre una caja de botellas apiladas, las cuales se rompieron y se derramaron por toda la tienda.

La gente gritaba y corría. Él tomó una botella rota y, tambaleando, se acercó para clavarla en mi rostro. Cuando levanté el brazo izquierdo para intentar detener el golpe, él lastimó todos los ligamentos, tendones y una arteria en mi brazo. En un ataque de ira, le devolví la agresión y lo golpeé, pero esta vez con esa botella, y él hirió el tendón de Aquiles y las arterias de mi pierna. En minutos la sangre salía de mi cuerpo como agua de un pozo.

Cada vez que mi corazón latía la sangre salía a chorros y pronto me mareé. El dueño del mercado me dijo que a menos que fuera rápido al hospital, moriría. Así que me subió al asiento del acompañante y condujo, mientras que mi hijo, mirando todo, gritaba histérico. Al llegar al hospital, el piso del asiento del acompañante estaba inundado de sangre (mis pies chapoteaban en ella). Escuchaba voces pero ya no pude abrir los ojos porque todas mis fuerzas se habían ido. Cuando me llevaron a la sala de emergencias, podía escuchar a los médicos y enfermeras decir: "Va a necesitar una cirugía amplia. Trasládenlo al hospital en Knoxville". Me cargaron en la ambulancia y me prepararon para trasladarme a Knoxville.

Alguien le avisó a Elaine y ella corrió al hospital y se subió a la ambulancia conmigo, mientras partíamos. Un joven, de unos 21 o 22 años, paramédico, me miró y dijo: "Señor, ¿conoce a Jesucristo?". Lo insulté a él y a Dios con toda la fuerza que quedaba en mi cuerpo. "Dios no existe. ¿Quién es este Jesús del que hablas? Mírame. ¿Crees que hay un Dios?" El joven me miró y dijo: "Él te ama. Jesús te ayudará. Clama a Él". Algo dentro de mí me hizo echar espuma, escupir y gritar: "Dios, si realmente existes, ayúdame. No puedo solo. Ayúdame por favor". El joven continuo diciendo: "Jesús murió por ti. Dio Su vida por ti". Yo escuchaba. Escuchaba también que mi esposa lloraba.

El humo llenó la ambulancia. No podía respirar. No podía ver. ¡Pensé que la ambulancia se estaba incendiando! ¿Qué sucedía? **Grité: "No puedo ver".** Entonces, a través del humo, comencé a escuchar distintas voces: "Razor. Razor Reagan. ¡Ronnie! **Date vuelta, no vengas aquí. Vete, detente ahora. ¡No vengas aquí!".** Mientras seguía escuchando estas voces, el humo se abrió y pude ver algo semejante a la antigua cantera donde solíamos nadar cuando era niño. De hecho, se veía exactamente igual a la noche cuando le echamos gasolina y encendimos el agua. Estaba ardiendo y yo cada vez estaba más cerca de esa fosa. **Podía ver gente allí, gente que se estaba quemando. Sus brazos, sus rostros, sus cuerpos ardían y el fuego no se extinguía.** ¡Y gritaban mi nombre!

Me acerqué más y más hasta que pude ver a las personas, pero no entendía lo que veía. **Había dos hombres de pie, con poca distancia entre ellos, y me di cuenta que eran Billy y Freddy, mis dos hermanos. Ardían y gritaban. "¿Qué hacen aquí?**

—pregunté a gran voz—. **Ustedes murieron en la ruta en un Chevrolet modelo 1957. Estaban ebrios cuando chocaron contra una pared a 100 millas por hora.** ¿Qué hacen aquí?" Respondieron: **"No vengas. No hay salida. Es horrible. ¡No vengas!".**

Miré al lado: **"Oh, no. ¡Charles! Charles, ¿qué haces aquí?** La última vez que te vi estabas en el río Pigeon. No pudimos sacarte del auto porque todos estábamos ebrios. Cuando caíste al río, ¡no pudimos sacarte! ¡Vimos tu rostro que nos miraba a través del agua pero no pudimos sacarte!

"Vuelve —dijo—. No vengas aquí."

Miré y pude ver hippies de pie en contra de la pared tal como los había visto en los años sesenta, aturdidos. Hippies tan abrumados. ¡La era de Acuario! Y vi muchos que habían muerto a causa de sobredosis. Luego vi a mi amigo Richard. **"Oh, Richard. No puedo ayudarte.** Cuando robamos la tienda de vinos y licores en Atlanta, no sabías lo que hacías. Tenías una pistola vieja que no tenía balas y ni siquiera pediste dinero. Pero el vendedor no sabía que tu arma no estaba cargada y agachado se acercó al mostrador y sacó una 357 y te apuntó directo y disparó al corazón. Te caíste sobre un parquímetro y te deslizaste sobre el vidrio roto mientras que el vino y la sangre corrían por tu cuerpo. Tus últimas palabras fueron: 'Oh Dios'. Clamó Richard: "No vengas aquí. No podrás soportarlo".

No puedo expresar el horror, el terror de lo que vi y oí. Lo único que sabía era que no entendía. De repente, todo se puso negro y me desperté.

Cuarenta y ocho horas después aparecí en el hospital. Mi esposa estaba sentada a mi lado. Tenía cientos de puntos por dentro y fuera de mi cuerpo. Mi esposa explicó que los médicos habían decidido no amputarme el brazo teniendo en cuenta que yo era conductor de camiones. Lo mantendrían vigilado. Pero a mí no me interesaba mi brazo porque recordaba lo que había visto. ¡No podía olvidarlo!

La gente ahora me pregunta por qué lloro, corro y bailo cuando predico. Y pienso: "Jesús, si a ellos les sucediera lo mismo que a mí, sabrían por qué soy como soy. Dios, ya no quiero odiar a nadie. No quiero volver a dispararle a alguien. Dios, amo a todos"».

76. **Debes ser un ganador de almas porque el fundador de Visión Mundial,** *Bob Pierce* **dijo: «Quiero que mi corazón se quebrante con las cosas que quebrantan el corazón de Dios».**

En la historia del hijo pródigo, el hermano mayor no tenía la misma pasión que su padre. Su padre estaba buscando al perdido pero el hermano mayor ni siquiera estaba contento de ver a su hermano perdido regresar a casa. Muchos cristianos tienen corazones que no se conmueven con las cosas que conmueven el corazón de Dios.

77. **Debes ser un ganador de almas porque Dios amó tanto al mundo entero que entregó a Su único Hijo para que muera por nosotros.**

Porque de tal manera amó Dios al mundo, que dio a su Hijo unigénito, para que todo aquel que cree en Él, no se pierda, mas tenga vida eterna.

Juan 3:16

78. **Debes ser un ganador de almas porque** *Carl F.H. Henry* **afirmó: «El evangelio solo son buenas nuevas si llegan a tiempo».**

79. **Debes ser un ganador de almas porque los campos están maduros para la siega.**

¿No decís vosotros: «Todavía faltan cuatro meses, y después viene la siega»? He aquí, yo os digo: Alzad vuestros ojos y ved los campos que ya están blancos para la siega.

Juan 4:35

Kurt von Schleicher expresó: «Nuestro Dios de gracia a menudo nos da una segunda oportunidad, pero no hay segunda oportunidad para recoger un cultivo».

80. **Debes ser un ganador de almas porque** *Jim Elliot,* **un misionero mártir que perdió su vida a fines de la década**

de 1950 mientras intentaba alcanzar a los aucas del Ecuador escribió: «No es tonto el que pierde lo que no puede ganar a fin de ganar lo que no puede perder».

81. **Debes ser un ganador de almas porque no querrás ser un cristiano brujo ni mago.**

Porque la rebelión es como pecado de adivinación, y la desobediencia, como iniquidad e idolatría. Por cuanto has desechado la palabra del SEÑOR, El también te ha desechado para que no seas rey.

1 Samuel 15:23

Robert Speer, un líder en un movimiento estudiantil voluntario dijo: «No hay nada en el mundo o en la iglesia, excepto la desobediencia de la iglesia, que convierta a la evangelización del mundo en esta generación en un imposible».

82. **Debes ser un ganador de almas porque *J. L. Ewen* afirmó: «Mientras haya millones desprovistos de la Palabra de Dios y del conocimiento de Jesucristo, me será imposible dedicar tiempo y energía a quienes tienen ambas cosas».**

83. **Debes ser un ganador de almas porque *Robert Savage* de la misión Latinoamericana expresó: «El mandamiento fue ir, pero nos hemos quedado, en cuerpo, dones, influencia y oración. Él nos pidió que fuéramos testigos hasta los confines de la tierra … pero el noventa y nueve por ciento de los cristianos se quedaron entretenidos en casa».**

84. **Debes ser un ganador de almas porque cualquier otro trabajo no tiene peso eterno.**

Por tanto, mis amados hermanos, estad firmes, constantes, abundando siempre en la obra del Señor, sabiendo que vuestro trabajo en el Señor NO ES EN VANO.

1 Corintios 15:58

85. **Debes ser un ganador de almas porque** *Nate Saint,* **un misionero mártir, dijo: «La gente que no conoce al Señor se pregunta por qué rayos desperdiciamos nuestras vidas como misioneros. Se olvidan que ellos también están gastando sus vidas ... y cuando la burbuja explote, no tendrán nada de valor eterno que mostrar por lo años que perdieron».**

86. **Debes ser un ganador de almas porque Jesús no vino a condenar al mundo y nosotros no seremos condenados hasta que muramos sin Cristo.**

El relato del *Dr. Maurice Rawlings* ilustra cómo después de la muerte, eres condenado al infierno porque no creíste en Cristo.

El Dr. Maurice Rawlings es un especialista en enfermedades del corazón. Es profesor adjunto clínico de medicina en la Universidad de Tennessee en Chattanooga, miembro del Comité Internacional de Enfermedades Cardiovasculares, ex director del Instituto Americano de Cardiología en el estado de Tennessee, fundador del Consejo de Servicios Médicos de Emergencia de la zona, profesor de los programas Respaldo Cardiovascular avanzado y miembro del Instituto Americano de Médicos, el Instituto de Cardiología y el Instituto de Neumonólogos. También fue el médico personal del personal del pentágono, incluyendo a Dwight Eisenhower.

Escribió varios libros sobre experiencias cercanas a la muerte y colabora con muchas publicaciones médicas. Cuenta su historia:

«Hace ya varios años, tuve que resucitar a un paciente que murió mientras intentaba reproducir con ejercicios unos dolores que estaba teniendo en el tórax. Aquella experiencia cambió nuestras vidas para siempre.

El hombre, un cartero de cuarenta y siete años, estaba realizando una rutina de hospital. Esperábamos que el ejercicio reprodujera los dolores que decía haber tenido en el pecho mientras hacía ejercicios en su casa. Pero en lugar de marcar el dolor, el electrocardiograma (la máquina que muestra los latidos del corazón) se descompuso y el hombre cayó muerto y el caminador, que todavía estaba rodando, lanzó su cuerpo al suelo. Yo, desde el exterior, le comprimía el corazón mientras las enfermeras le colocaban suero y respirador. El paciente seguía gritando: "Doctor, ¡no se detenga!". Cada vez que me detenía para buscar algo, gritaba: "¡Estoy de nuevo en el infierno!". La mayoría de los pacientes dirían: "Sáqueme las manos de encima. Me está quebrando las costillas", por lo tanto supe que algo andaba mal. Tuvimos que colocarle un marcapasos debajo de la vena en la clavícula allí mismo en el suelo. Él mientras se retorcía y le salía sangre por todos lados. Yo presionaba y le decía que se callara y que no me molestara con las "cosas del infierno". Yo intentaba salvarle la vida y él intentaba contarme una vil pesadilla que tenía mientras estaba en agonía.

Entonces, me pidió algo que resultó ser el insulto final para una persona atea como yo. Me dijo: "Doctor, ore por mí", a lo que contesté que estaba loco, yo no era un ministro. Volvió a pedirme que orara por mí. Las enfermeras me miraban con expectativa y con una mirada que decía: "Debes hacerlo. Es el deseo de un moribundo". Así que lo hice. Inventé una oración de confesión, un disparate. Lo único que quería era quitármelo de encima así que le pedí que repitiera después de mí. Con vergüenza, solté estas palabras: "Creo que Jesucristo es el Hijo de Dios. Vamos, dilo. Sácame del infierno. ¡Dilo! Y si vivo, me entrego, soy tuyo para siempre". Recuerdo bien esa parte porque desde aquel momento ha vivido "entregado". Cada vez que interrumpíamos el masaje cardiovascular para acomodar el marcapasos, gritaba diciendo que estaba de nuevo en el infierno, tenía convulsiones, se ponía azul, dejaba de respirar y su corazón dejaba de latir.

Sin embargo, poco después que dije la oración, dejó de retorcerse, dejó de luchar. Estaba tranquilo. Al día siguiente, todavía sumamente escéptico, le pedí que me contara cómo era estar en el infierno. Le dije que había asustado a las enfermeras y a mí también. Preguntó: "¿Qué infierno? Después de esa oración que dijiste, recuerdo ver a mi madre cuando ella estaba viva, aunque murió cuando yo tenía tres años". ¡Imposible! Sacó un álbum de fotos que su tía le trajo al día siguiente, pero en realidad nunca la había visto. Él la reconoció por la vestimenta. Él la había visto en el cielo. Lo que al parecer sucedió fue que él había sublimado las experiencias del infierno a partes indoloras de la memoria, pero luego de la conversión tuvo experiencias celestiales.

Aquella oración "absurda" que hice para seguirle la corriente no solo logró que este hombre se convirtiera sino yo también. Los dos fuimos cristianos nacidos de nuevo.»

87. Debes ser un ganador de almas porque hay muchos necios en este mundo que piensan que no hay Dios y alguien debe contarles de Jesús.

El necio ha dicho en su corazón: No hay Dios. Se han corrompido, han cometido hechos abominables; no hay quien haga el bien.

Salmos 14:1

La historia del profesor de bellas artes *Howard Storm* ilustra cuántas personas piensan que no hay Dios pero se sorprenden cuando mueren:

«Era junio de 1985 y estaba en Francia. Guiaba a un grupo de alumnos en una gira artística. Mi esposa estaba conmigo y habíamos llegado al último día de nuestro viaje. En el medio del discurso, me caí al suelo gritando con un dolor intenso en mi estómago. Vino la ambulancia y me llevaron al hospital para darme la noticia que tenía un agujero en el duodeno y que necesitaba una operación. Era sábado, me llevaron al hospital y me dieron una camilla.

Con el dolor cada vez peor, una enfermera vino al cuarto y nos dijo a mi esposa y a mí que iban a realizar la operación. En ese momento, estaba listo para morir. Había resistido como pude tratando de permanecer con vida, pero ya no más.

El problema para mí era que era ateo. Siendo adolescente, criado en una iglesia protestante liberal, había perdido la fe y en la universidad me había convertido en un ateo científico. Ahora, estando frente a la muerte, no sentía nada más que desesperanza, depresión y desesperación. Sentía que estaba listo para morir y sabía que eso significaba dejar de existir. Hablaba con mi esposa, que no era atea y sí tenía algo de fe, y ella lloraba.

Cerré los ojos y quedé inconsciente. No sé cuánto tiempo pasó pero me encontré de pie al lado de mi cuerpo. Abrí los ojos y había un cuerpo en mi camilla. No entendía cómo era posible estar fuera de tu propio cuerpo y a la vez, poder mirar al cuerpo que estaba en mi cama. No solo eso sino que estaba sumamente preocupado y enojado porque le gritaba a mi esposa para llamar la atención pero ella no me miraba ni me oía y no se movía para nada. Me dirigí a mi compañero de habitación pero obtuve la misma reacción… él también me era totalmente ajeno y yo me enojé y me preocupé más y más. Fue en ese momento que escuché voces que gritaban mi nombre desde afuera de la habitación. Al principio, tuve miedo pero las voces parecían amigables y cuando me acerqué a la puerta de mi habitación pude ver figuras aturdidas moviéndose por allí; les pedí que se acercaran, pero no lo hicieron lo suficiente como para verlas de manera clara. Solo podía distinguir sus siluetas y rasgos generales. Estos seres no dejaban de decirme que los acompañara y, pese a mis muchas preguntas, las evadieron a todos con vagas respuestas insistiendo que fuera con ellos. De mala manera, acepté.

Seguí haciendo preguntas como por ejemplo, a dónde íbamos y me dijeron que lo vería cuando llegáramos. Luego pregunté quiénes eran y me respondieron que habían venido a llevarme. Así que los seguí y emprendimos un viaje de muchos, muchos kilómetros. No había paisajes ni arquitectura, solo una bruma cada vez más espesa, cada vez más oscura. Pese a que rehusaron decirme a dónde íbamos, insinuaron que me cuidarían y que tenían algo preparado para mí.

Poco a poco, se volvieron más crueles conmigo a medida que todo se oscurecía cada vez más. Estas criaturas también comenzaron a burlarse de mí y algunos se decían entre sí: "Hey, tengan cuidado, no lo asusten!" o, "¡Shh! Es demasiado pronto para eso". Lo peor, comenzaron a hacer bromas vulgares sobre mí. Parecía al principio que había una decena de estas criaturas pero más tarde pensé que quizás eran cuarenta o cincuenta. Más tarde aún, parecía que había cientos o más.

En este punto, dije que no iba avanzar más. Fue una especie de bluf de mi parte porque no sabía cuál era el camino de regreso ni dónde estaba. No entendía cómo era posible estar en el hospital pero haber ido tan lejos. Las criaturas respondieron empujándome y al principio me defendí bien y pude golpearles la cara y patearlos. Sin embargo, no pude lastimarlos y ellos se reían. Luego, comenzaron a quitar trocitos de mi cuerpo con sus uñas y dientes. Me dolía mucho y esto se prolongó bastante tiempo mientras yo luchaba e intentaba esquivarlos. El problema era que yo estaba en el centro de una gran multitud, manos y pies alrededor de mí, y mientras más gritaba y peleaba, más les gustaba. El ruido era terrible, como así también la cruel risa y el tormento incesante. Luego avanzaron un poco más y comenzaron a insultarme y a molestarme de otras formas demasiado feas para contar y con charlas más groseras que lo que jamás imaginé. Al final, no tuve fuerzas ni la capacidad para seguir luchando y me caí al suelo. Aparentemente, perdieron su interés en mí. La gente parecía acercarse y darme un puntapié, pero la furia intensa se había ido.

Mientras estaba allí tirado, tuve la experiencia más extraña. Una voz que parecía provenir del pecho habló a mi mente. Era una conversación interna y la voz decía: "Ora a Dios".

Comencé a dialogar con la voz diciéndole que no creía en Dios, entonces cómo podía orarle. Pero la voz repetía: "Ora a Dios", y pensaba: Pero no sé orar, ¡no sé lo que significa orar! Por tercera vez, la voz dijo: "Ora a Dios", así que pensé mejor intentarlo. Empecé a pensar en cosas como "El Señor es mi pastor, Dios bendiga a los Estados Unidos," pequeñas cosas que podía recordar y que sonaban santas. Pronto los pensamientos se convirtieron en murmullos y mientras, las criaturas alrededor de mí comenzaron a gritar y decirme que Dios no existía. Declaraban que yo era lo peor de lo peor. Nadie podía escucharme, opinaban, así que ¿qué creía que estaba haciendo?

Dado a que estas criaturas malignas eran tan tenaces en su protesta comencé a clamar más y gritarles cosas como: "Dios me ama. Aléjense En el nombre de Dios, ¡déjenme en paz!". Siguieron gritándome excepto que ahora se retiraban y desaparecían en la oscuridad. Finalmente llegué al punto donde me vi gritando todo lo que se me ocurría que sonaba religioso pero no había nadie a mi alrededor. Quedé totalmente solo en la oscuridad; se habían ido como si mis palabras fueran agua hirviendo que caía sobre ellos.

Aunque citaba pequeñas porciones del salmo 23, "Aunque ande en valle de sombra y de muerte, no temeré mal alguno" y el Padrenuestro, no las creía. Las quería decir en el sentido que veía que tenían el efecto de ahuyentar a estas criaturas, pero en mi corazón no estaba convencido de la verdad de ellas.

Estaba allí solo. ¿Por cuánto tiempo…? no sé, pero me hundí en gran desesperanza, más profunda que lo que imaginaba posible. Aquí estaba, en la oscuridad y en algún lado por allí estaban estos seres malvados. No podía moverme, no podía arrastrarme, estaba demasiado quebrado y no sabía qué hacer. De hecho, llegué al punto cuando en verdad ya no quería existir más.

Fue en el momento de desesperación más profunda que una melodía de mi niñez, cuando iba a la escuela dominical, comenzó a resonar por mi mente: "Sí, Cristo me ama... Sí, Cristo me ama...", y quería que eso fuera cierto más que todo lo que quise en mi vida. Con cada pizca de mi ser, mi mente, fuerza y corazón, grité en la oscuridad: "Por favor Jesús, ¡sálvame!". Hablo en serio. No lo cuestioné ni lo dudé, solo lo deseé con cada fibra de mi ser y al hacerlo una débil estrella apareció en la oscuridad. Rápidamente se hizo más brillante y pronto fue una luz enorme, tan brillante que no se puede describir y me elevó hacia ella. A medida que me levantaba, me miré y vi que todos los rasgones, roturas y heridas que había recibido, poco a poco desaparecían. Comencé a estar entero y bien. La única manera de describirlo es como algo de belleza inexplicable que sabía que era bueno.

En un instante era ateo, al minuto siguiente todo mi ser anhelaba a Jesús. Perdí todo mi orgullo, egoísmo, el depender de mí y mi confianza en mi muy elevado intelecto. Todo eso ya no me servía más... me había fallado. Todas las cosas que para las que había vivido, las que había endiosado y adorado... me habían decepcionado. Llegué a clamar en una esperanza que fue sembrada en mí siendo niño muchos años antes.

Esta experiencia cambió mi vida por completo. No solo que finalmente me convertí en un ministro a tiempo completo sino que transformó mi estado por completo. Antes, solía tener melancolía y cinismo pero ahora tengo un gozo genuino todo el tiempo. Eso no significa que no tenga mis altibajos, pero detrás de cada día hay felicidad e intento, lo mejor que puedo, esparcir ese gozo y esa paz.»

88. **Debes ser un ganador de almas porque** *Robert C. Shannon* **dijo: «Nunca les tengas lástima a los misioneros; más bien, envídialos. Están donde está la acción: donde convergen la vida y la muerte, el pecado y la gracia, el cielo y el infierno».**

89. Debes ser un ganador de almas porque la sangre de Jesús fue derramada por toda nación, tribu y pueblo.

Y cantaban un cántico nuevo, diciendo: Digno eres de tomar el libro y de abrir sus sellos, porque tú fuiste inmolado, y con tu sangre compraste para Dios a gente de toda tribu, lengua, pueblo y nación. Y los has hecho un reino y sacerdotes para nuestro Dios; y reinarán sobre la tierra.

Apocalipsis 5:9-10

90. Debes ser un ganador de almas porque *Count Nicolaus Ludwig von Zinzerdorf* dijo: «Tengo solo una pasión: Él y solo Él. El mundo es el campo y el campo es el mundo; y de ahora en adelante, ese país debe ser mi hogar donde más puedo ser usado para ganar almas para Cristo».

91. Debes ser un ganador de almas porque *J. Howard Edington* expresó: «Las personas que no creen en las misiones no han leído el Nuevo Testamento. La iglesia primitiva le tomó a Él la palabra y fue hacia el norte, sur, este y oeste».

92. Debes ser un ganador de almas porque *A. B. Simpson* declaró: «El cristiano no es obediente a menos que haga todo lo que esté a su alcance para difundir el evangelio en el mundo pagano».

93. Debes ser un ganador de almas porque Juan 3:16 menciona que Jesús murió por todo el mundo, no por una parte de él.

Pat Morley sostuvo: «Si la Gran Comisión es cierta, nuestros planes no son demasiado grandes. Son demasiado pequeños».

94. Debes ser un ganador de almas porque *Ted Engstrom,* miembro de Visión Mundial, observó: «Una congregación que no está involucrada en profundidad y con seriedad en la proclamación mundial del evangelio no entiende la naturaleza de la salvación».

95. **Debes ser un ganador de almas porque alrededor de 6000 personas murieron en la última hora y entraron a la eternidad mientras tú leías este libro.**

96. **Debes ser un ganador de almas porque alrededor de 143.000 personas entrarán a la eternidad dentro de las próximas veinticuatro horas.**

97. **Debes ser un ganador de almas porque en el lapso de una semana un millón de personas habrán partido de este mundo al cielo o al infierno y nunca tendrán la posibilidad de cambiar su situación.**

La historia de ***Ian McCormack*** de Nueva Zelanda muestra cuán fácil y rápidamente pasa la gente a la eternidad:

«Toda mi vida giraba en torno a viajar y hacer deportes. A los veinticuatro años de edad, con el título universitario de veterinario en mano, acababa de finalizar dos años de paseo por el mundo. Ahora vivía en un lugar que cualquier amante del buceo y del surf consideraría un paraíso terrenal: Islas Mauricio.

Solía ir a surfear y pescar con los buzos haitianos locales y me sumaba a jornadas de buceo nocturnas. Acostumbrado a climas más fríos que el del lugar, usaba un traje de buzo mangas cortas de 1 milímetro de espesor mientras que los locales elegían trajes de 3 o 4 milímetros, revestidos de pies a cabeza. Cuatro días antes de abandonar la isla y partir para Nueva Zelanda a la boda de mi hermano, salí a bucear de noche con los muchachos de allí. Estaba un poco intranquilo de hacerlo porque podía ver en el horizonte una tormenta eléctrica pero me dejé convencer.

Mientras buceaba aquella noche, la luz de mi linterna iluminó una medusa justo delante de mí. Estaba fascinado porque su figura no era la normal sino que era cuadrada. No tenía idea mientras la apretaba con la mano cubierta con un guante de cuero que esta medusa cuadrada o avispa de mar, era la segunda criatura más mortal que el hombre conoce. Su toxina mató a más de setenta personas en Australia y en la zona norte del continente, cobró más víctimas que los tiburones. En Darwin, el aguijón de este pez detuvo el corazón de un hombre de treinta y ocho años en diez minutos.

De repente, sentí como una gran descarga eléctrica en mi antebrazo, como miles de voltios de electricidad. Incapaz de ver lo que había sucedido, hice lo peor que pude: froté mi brazo y esparcí el veneno que salía de los tentáculos de este pez. Antes que pudiera salir al arrecife, tres medusas más me picaron. Mi antebrazo se hinchó como un globo y donde me habían picado los tentáculos aparecieron ampollas como de una quemadura que se extendieron por el brazo. A medida que el veneno comenzó a recorrer mi cuerpo, sentía que ardía. Llegó hasta la glándula linfática como un puñetazo y pronto mi respiración se contrajo.

¡Sabía que necesitaba hospitalización y rápido! Después de la quinta picadura, uno de los buzos me llevó en bote hasta la orilla y me arrojó sobre la ruta, que estaba en una parte desolada de la isla. Apoyado sobre la espalda y sintiendo que el veneno surgía efecto, escuché una voz suave que decía: "Hijo, si cierras los ojos nunca volverás a despertarte". No tenía idea quién lo dijo pero como socorrista e instructor de buceo capacitado, sabía que si no tomaba pronto un antídoto, moriría.

Mis esfuerzos por llegar al hospital se vieron frustrados: no tenía dinero y un taxista indio, a quien le rogué de rodillas que me llevara, me levantó pero solo me llevó hasta un hotel y me dejó en la playa de estacionamiento pensando que era improbable que le pagara. El propietario chino del hotel también se negó a llevarme en su auto pensando que las marcas en el brazo eran por sobredosis de heroína. Sin embargo, un guardia de seguridad, que resultó ser uno de mis compañeros de tragos llamó a una ambulancia.

Durante el viaje, mi vida pasó delante de mí y pensé: "Voy a morir. Esto es lo que sucede antes de morir: tu vida pasa delante de ti". Pese a ser ateo, me pregunté si había vida después de la muerte. Luego apareció el rostro de mi madre y dijo: "Ian: no importa cuán lejos estés de Dios. Si tan solo clamas a Dios desde tu corazón, Dios te escuchará y te perdonará".

Le prometí a Dios que si terminaba vivo, buscaría cuál era Su voluntad para mí y le seguiría todos los días de mi vida. Mientras hacía esa oración sabía que había hecho la paz con Dios y casi al instante las puertas de la ambulancia se abrieron. Me sentaron sobre una silla de ruedas y con prisa ingresamos al hospital.

Los médicos y las enfermeras iban y venían. Intentaron dos veces tomarme la presión sanguínea, pero no encontraban el pulso. Los médicos me pusieron inyecciones de antitoxina y glucosa en un esfuerzo por salvar mi vida.

Era consciente del hecho de que si perdía el conocimiento sería el fin: la muerte. Sabía que no era un viaje extraño ni una alucinación. Esto era real pero no tenía intenciones de abandonar mi cuerpo y morir. Quería quedarme despierto toda la noche si era necesario y luchar con el veneno que estaba dentro de mi cuerpo.

Sentí que colocaron mi cuerpo en una camilla. Era consciente de que no sentía los brazos en absoluto y ya no podía mantener los ojos abiertos. No podía inclinar la cabeza. Mis ojos se llenaban de transpiración de modo que apenas podía ver. Recuerdo haber cerrado los ojos y dar un suspiro de alivio. En ese momento, de lo que pude averiguar en el hospital, estuve clínicamente muerto durante quince minutos.

Lo más aterrador fue el momento en que mis ojos se cerraron, de repente desperté de nuevo parado al costado de lo que pensé que era mi camilla, en suma oscuridad, preguntando por qué los médicos habían apagado las luces. Decidí encender las luces y sacar mi mano buscando la pared pero no encontré ninguna pared. Está bien −pensé−, quizás me trasladaron a la guardia general. Si lograba volver a mi cama, podría encender la luz, pero no pude encontrarla. Pensé que sería mejor quedarme de pie por un momento, pero estaba tan oscuro que ni siquiera podía verme la mano y si acercaba mi mano derecha al rostro, este parecía esfumarse o atravesarla. No puedes perder el conocimiento − pensé, así que apoyé las dos manos sobre mi rostro y parecieron atravesarlo. Fue la sensación más extraña pero lo que siguió fue aún peor porque me di cuenta de que no podía tocar ninguna parte de mi cuerpo físico. Aun así, tenía la sensación de ser un ser humano completo con todas mis facultades, solo que no tenía una forma carnal.

Ahora me di cuenta que de hecho estaba fuera de mi cuerpo porque cuando alguien muere, el espíritu sale del cuerpo.

Lo otro que pensé fue: "¿Dónde diablos estoy?" porque podía sentir que el más intenso mal impregnaba la oscuridad que me rodeaba. Era como si la oscuridad tomara una dimensión espiritual. Había allí una presencia totalmente maligna que comenzó a acercarse hacia mí. Aunque todavía no podía ver, percibí que algo me miraba desde la oscuridad. Entonces a mi derecha, una voz gritó: "¡Cállate!". Cuando me alejé de esa voz, otra voz vino del lado izquierdo y gritó: "¡Mereces estar aquí!". Levanté mis brazos para protegerme y pregunté: "¿Dónde estoy?" y una tercera voz contestó: "Estás en el infierno. Ahora cállate". Algunos piensan que el infierno es pura fiesta pero te aseguro que será muy difícil llevar tu botella de cerveza allí y muy difícil hallar tu rostro.

Me quedé allí en esa oscuridad lo suficiente para sembrar en mí el temor de Dios por la eternidad. Tal vez te preguntes por qué Dios me llevó allí. Más tarde me dijo que si no hubiera hecho esa oración en mi lecho de muerte en la ambulancia, me hubiera quedado en el infierno. Gracias a Dios por Su gracia, que oye la oración del pecador en los últimos segundos de vida.»

98. **Debes ser un ganador de almas porque 35.000 personas murieron hoy habiendo vivido toda la vida en este planeta y nunca escucharon hablar del nombre de Jesucristo ni una vez.**

99. **Debes ser un ganador de almas para cumplir las profecías de Isaías de salvar a los perdidos.**

Y ahora, ¿qué hago yo aquí —declara el SEÑOR— viendo que se llevan a mi pueblo sin causa? También declara el SEÑOR: Sus dominadores dan gritos, y sin cesar mi nombre es blasfemado todo el día.

Por tanto, mi pueblo conocerá mi nombre; así que en aquel día comprenderán que yo soy el que dice: «Heme aquí».

¡Qué hermosos son sobre los montes los pies del que trae buenas nuevas, del que anuncia la paz, del que trae las buenas nuevas de gozo, del que anuncia la salvación, y dice a Sión: Tu Dios reina!

¡Una voz! Tus centinelas alzan la voz, a una gritan de júbilo porque verán con sus propios ojos cuando el SEÑOR restaure a Sión.

Prorrumpid a una en gritos de júbilo, lugares desoiados de Jerusalén, porque el SEÑOR ha consolado a su pueblo, ha redimido a Jerusalén.

El SEÑOR ha desnudado su santo brazo a la vista de todas las naciones, y todos los confines de la tierra verán la salvación de nuestro Dios.

Isaías 52:5-10

100. Debes ser un ganador de almas porque Dios demostró Su amor por nosotros cuando éramos pecadores y nosotros también debemos demostrar nuestro amor a los que no son salvos.

«El celo misionero no nace de creencias intelectuales ni de argumentos teológicos, sino del amor.»

Rolland Allen

Pero Dios demuestra su amor para con nosotros, en que siendo aún pecadores, Cristo murió por nosotros.

Romanos 5:8

101. Debes ser un ganador de almas porque debemos agotar todos los medios para salvar a algunos.

A los débiles me hice débil, para ganar a los débiles; a todos me he hecho todo, para que por todos los medios salve a algunos.

1 Corintios 9:22

102. Debes ser un ganador de almas porque Jesús dijo que debemos estar en los negocios del Padre.

Entonces él les dijo: ¿Por qué me buscabais? ¿No sabíais que en los negocios de mi Padre me es necesario estar?

Lucas 2:49, RV60

103. Debes ser un ganador de almas porque el apóstol Pedro dijo que no hay salvación en otro nombre sino solo en Jesucristo.

Y en ningún otro hay salvación, porque no hay otro nombre bajo el cielo dado a los hombres, en el cual podamos ser salvos.

Hechos 4:12

104. **Debes ser un ganador de almas porque el evangelio ofrece lo mejor de todo.**

Porque de tal manera amó Dios al mundo, que dio a su Hijo unigénito, para que todo aquel que cree en El, no se pierda, mas tenga vida eterna.

Juan 3:16

i. El evangelio ofrece la mejor invitación.

ii. El evangelio ofrece el amor de la persona más importante.

iii. El evangelio ofrece el mejor amor.

iv. El evangelio ofrece salvación a la mayor cantidad de personas.

v. El evangelio le ofrece al hombre el mejor regalo: la vida eterna.

vi. El evangelio le ofrece a todos la posibilidad de llevar a cabo el acto humano más importante: creer en Cristo es el acto más importante de un ser humano.

vii. El evangelio ofrece el mejor escape del juicio y del infierno.

viii. El evangelio ofrece el mejor destino: el cielo.

105. **Debes ser un ganador de almas porque no hay mayor amor que este.**

a. El amor de Jesús es mayor que el amor de un hombre por una mujer.

Estoy afligido por ti, Jonatán, hermano mío; tú me has sido muy estimado. Tu amor fue para mí más maravilloso que el amor de las mujeres.

2 Samuel 1:26

Y Jacob amó a Raquel, y dijo: Yo te serviré siete años por Raquel tu hija menor.

Génesis 29:18, RV60

b. El amor de Jesús es mayor que el amor de un hombre por su nación.

Y ellos vinieron a Jesús y le rogaron con solicitud, diciéndole: Es digno de que le concedas esto; porque ama a nuestra nación, y nos edificó una sinagoga.

Lucas 7:4-5

106. **Debes ser un ganador de almas porque el infierno es un lugar aterrador que les espera al alma de los perdidos y a los rebeldes pecadores.**

a. El infierno es un lugar de angustia.

Me sentía atrapado y atado por el infierno y la muerte.

2 Samuel 22:6, BAD

b. El infierno es un lugar donde nunca mueres.

Y si tu mano te es ocasión de pecar, córtala; te es mejor entrar en la vida manco, que teniendo las dos manos ir al infierno, al fuego inextinguible, donde EL GUSANO DE ELLOS NO MUERE, Y EL FUEGO NO SE APAGA.

Marcos 9:43-44

c. El infierno es un lugar donde vale la pena entregar los ojos, los brazos y las piernas para evitarlo.

Y si tu mano te es ocasión de pecar, córtala; te es mejor entrar en la vida manco, que teniendo las dos manos ir al infierno, al fuego inextinguible, donde el gusano de ellos no muere, y el fuego no se apaga.

Y si tu pie te es ocasión de pecar, córtalo; te es mejor entrar cojo a la vida, que teniendo los dos pies ser echado al infierno, donde el gusano de ellos no muere, y el fuego no se apaga.

Y si tu ojo te es ocasión de pecar, sácatelo; te es mejor entrar al reino de Dios con un solo ojo, que teniendo dos ojos ser echado al infierno,

Marcos 9:43-47

d. El infierno es un lugar que constantemente se expande para recibir más personas.

Por eso ensanchó su interior el Seol, y sin medida extendió su boca; y allá descenderá la gloria de ellos, y su multitud, y su fausto, y el que en él se regocijaba.

Isaías 5:14

e. El infierno es un lugar donde los muertos y los demonios te recibirán.

El Seol, desde abajo, se estremece por ti al recibirte en tu venida;...

Isaías 14:9

f. El infierno es un lugar donde la gente mendiga una gota de agua.

Había cierto hombre rico que se vestía de púrpura y lino fino, celebrando cada día fiestas con esplendidez.

Y un pobre llamado Lázaro yacía a su puerta cubierto de llagas, ansiando saciarse de las migajas que caían de la mesa del rico; además, hasta los perros venían y le lamían las llagas.

Y sucedió que murió el pobre y fue llevado por los ángeles al seno de Abraham; y murió también el rico y fue sepultado.

En el Hades alzó sus ojos, estando en tormentos, y vio a Abraham a lo lejos, y a Lázaro en su seno.

Y gritando, dijo: «Padre Abraham, ten misericordia de mí, y envía a Lázaro para que moje la punta de su dedo en agua y refresque mi lengua, pues estoy en agonía en esta llama».

Lucas 16:19-24

g. El infierno es un lugar aterrador, con cadenas y oscuridad.

Dios no perdonó a los ángeles que pecaron, sino que los arrojó al infierno y los dejó encadenados en prisiones de oscuridad hasta el día del juicio.

2 Pedro 2:4, BAD

h. El infierno es un gran lago de fuego ardiendo.

Y la bestia fue apresada, y con ella el falso profeta que hacía señales en su presencia, con las cuales engañaba a los que habían recibido la marca de la bestia y a los que adoraban su imagen; los dos fueron arrojados vivos al lago de fuego que arde con azufre.

Apocalipsis 19:20

i. El infierno es un gran lago de fuego que arde con azufre (un elemento químico parecido al oxígeno).

Y el diablo que los engañaba fue arrojado al lago de fuego y azufre, donde también están la bestia y el falso profeta; y serán atormentados día y noche por los siglos de los siglos.

Apocalipsis 20:10

j. El infierno es un lugar que nunca se satisface. Hay lugar para ti si te obstinas en rechazar la salvación del evangelio por medio de Cristo.

El sepulcro, la muerte y los ojos del hombre jamás se dan por satisfechos.

Proverbios 27:20, NVI

107. **Debes ser un ganador de almas porque el mundo entero está sediento y buscando el agua que satisface.**

Y en el último día, el gran día de la fiesta, Jesús puesto en pie, exclamó en alta voz, diciendo: Si alguno tiene sed, que venga a mí y beba.

El que cree en mí, como ha dicho la Escritura: "De lo más profundo de su ser brotarán ríos de agua viva."

Pero El decía esto del Espíritu, que los que habían creído en El habían de recibir; porque el Espíritu no

había sido dado todavía, pues Jesús aún no había sido glorificado.

Entonces algunos de la multitud, cuando oyeron estas palabras, decían: Verdaderamente este es el Profeta.

Juan 7:37-40

Pero el que beba del agua que yo le daré, no tendrá sed jamás, sino que el agua que yo le daré se convertirá en él en una fuente de agua que brota para vida eterna.

Juan 4:14

a. ¿Alguno tiene sed? Sí, todos tenemos sed. El ser humano siempre busca saciar su sed de manera equivocada.

b. El ser humano intenta saciar su sed con dinero.

¿Has de poner tus ojos en las riquezas, siendo ningunas? Porque se harán alas como alas de águila, y volarán al cielo.

Proverbios 23:5, RV60

c. El ser humano intenta saciar su sed buscando lo desconocido y buscando conocimiento.

...siempre aprendiendo, pero que nunca pueden llegar al pleno conocimiento de la verdad.

2 Timoteo 3:7

Porque en la mucha sabiduría hay mucha angustia, y quien aumenta el conocimiento, aumenta el dolor.

Eclesiastés 1:18

Pero además de esto, hijo mío, estate prevenido: el hacer muchos libros no tiene fin, y demasiada dedicación a ellos es fatiga del cuerpo.

Eclesiastés 12:12

d. El ser humano intenta saciar su sed buscando placer.

Porque el tiempo ya pasado os es suficiente para haber hecho lo que agrada a los gentiles, habiendo andado en sensualidad, lujurias, borracheras, orgías, embriagueces y abominables idolatrías. Y en todo esto,

se sorprenden de que no corráis con ellos en el mismo desenfreno de disolución, y os ultrajan;

1 Pedro 4:3-4

e. El ser humano intenta saciar su sed con el alcohol.

¿De quién son los ayes? ¿De quién las tristezas? ¿De quién las contiendas? ¿De quién las quejas? ¿De quién las heridas sin causa? ¿De quién los ojos enrojecidos? De los que se demoran mucho con el vino, de los que van en busca de vinos mezclados.

No mires al vino cuando rojea, cuando resplandece en la copa; entra suavemente,

Proverbios 23:29-31

¡Ay de los que se levantan muy de mañana para ir tras la bebida, de los que trasnochan para que el vino los encienda!

Isaías 5:11

f. El ser humano intenta saciar su sed con sexo.

No se desvíe tu corazón hacia sus caminos, no te extravíes en sus sendas.

Porque muchas son las víctimas derribadas por ella, y numerosos los que ha matado.

Su casa es el camino al Seol, que desciende a las cámaras de la muerte.

Proverbios 7:25-27

g. El ser humano intenta saciar su sed con la homosexualidad.

La expresión de su rostro testifica contra ellos, y como Sodoma publican su pecado; no lo encubren. ¡Ay de ellos!, porque han traído mal sobre sí mismos.

Isaías 3:9

He aquí, esta fue la iniquidad de tu hermana Sodoma: arrogancia, abundancia de pan y completa ociosidad tuvieron ella y sus hijas; pero no ayudaron al pobre ni al necesitado,

Ezequiel 16:49

h. El ser humano intenta saciar su sed trabajando, trabajando y trabajando.

Había un hombre solo, sin sucesor, que no tenía hijo ni hermano, sin embargo, no había fin a todo su trabajo. En verdad, sus ojos no se saciaban de las riquezas, y nunca se preguntó: ¿Para quién trabajo yo y privo a mi vida del placer? También esto es vanidad y tarea penosa.

Eclesiastés 4:8

i. Solo Cristo puede saciar la sed y la búsqueda.

Jesús les dijo: Yo soy el pan de la vida; el que viene a mí no tendrá hambre, y el que cree en mí nunca tendrá sed.

Juan 6:35

108. **Debes ser un ganador de almas porque Dios nos ha enviado a invitar gente a la fiesta del Señor.**

Entonces el señor dijo al siervo: «Sal a los caminos y por los cercados, y oblígalos a entrar para que se llene mi casa».

Lucas 14:23

a. Dios te invita a acercarte a Él. A través de la Biblia, Dios invita a las personas a que se acerquen a Él.

Venid, volvamos al SEÑOR. Pues El nos ha desgarrado, y nos sanará; nos ha herido, y nos vendará.

Oseas 6:1

'He aquí, yo estoy a la puerta y llamo; si alguno oye mi voz y abre la puerta, entraré a él, y cenaré con él y él conmigo.

Apocalipsis 3:20

'También os he enviado a todos mis siervos los profetas, enviándolos repetidas veces, a deciros: "Volveos ahora cada uno de vuestro mal camino, enmendad vuestras

obras y no vayáis tras otros dioses para adorarios, y habitaréis en la tierra que os he dado, a vosotros y a vuestros padres; pero no inclinasteis vuestro oído, ni me escuchasteis.

Jeremías 35:15

Diles: «Vivo yo —declara el Señor DIOS— que no me complazco en la muerte del impío, sino en que el impío se aparte de su camino y viva. Volveos, volveos de vuestros malos caminos. ¿Por qué habéis de morir, oh casa de Israel?».

Ezequiel 33:11

b. Pequeñas cosas y pequeñas excusas son las que apartan a la gente de Dios.

Un poco de dormir, un poco de dormitar, un poco de cruzar las manos para descansar, y llegará tu pobreza como ladrón, y tu necesidad como hombre armado.

Proverbios 24:33-34

c. Tu tierra, tu propiedad y tu negocio no deben mantenerte alejado de Dios.

Estad alerta, no sea que vuestro corazón se cargue con disipación y embriaguez y con las preocupaciones de la vida, y aquel día venga súbitamente sobre vosotros como un lazo;

Lucas 21:34

d. Aun tu familia no debe mantenerte alejado de Dios.

Si alguno viene a mí, y no aborrece a su padre y madre, a su mujer e hijos, a sus hermanos y hermanas, y aun hasta su propia vida, no puede ser mi discípulo.

Lucas 14:26

A otro dijo: Sígueme. Pero él dijo: Señor, permíteme que vaya primero a enterrar a mi padre.

Lucas 9:59

e. Por desgracia, muchos rechazan la gran invitación. Por tanto, pobres y desgraciados ocuparán los lugares en el cielo.

Pero si tú, de tu parte adviertes al impío para que se aparte de su camino, y él no se aparta de su camino, morirá por su iniquidad, pero tú habrás librado tu vida.

Ezequiel 33:9

f. Es un error peligroso rechazar la invitación y el amor de Dios.

¿Cómo escaparemos nosotros si descuidamos una salvación tan grande? La cual, después que fue anunciada primeramente por medio del Señor, nos fue confirmada por los que oyeron,

Hebreos 2:3

Mirad que no rechacéis al que habla. Porque si aquéllos no escaparon cuando rechazaron al que les amonestó sobre la tierra, mucho menos escaparemos nosotros si nos apartamos de aquel que nos amonesta desde el cielo.

Hebreos 12:25

g. En el gran banquete, disfrutarás el pan: el pan de vida.

Este es el pan que desciende del cielo, para que el que coma de él, no muera.

Yo soy el pan vivo que descendió del cielo; si alguno come de este pan, vivirá para siempre; y el pan que yo también daré por la vida del mundo es mi carne.

Juan 6:50-51

h. En el gran banquete, disfrutarás la leche.

Desead como niños recién nacidos, la leche pura de la palabra, para que por ella crezcáis para salvación,

1 Pedro 2:2

i. En el gran banquete, disfrutarás la carne.

Pero el alimento sólido es para los adultos, los cuales por la práctica tienen los sentidos ejercitados para discernir el bien y el mal.

Hebreos 5:14

j. En el gran banquete, disfrutarás el agua de la Palabra y del Espíritu Santo.

Pero el que beba del agua que yo le daré, no tendrá sed jamás, sino que el agua que yo le daré se convertirá en él en una fuente de agua que brota para vida eterna.

Juan 4:14

Y el Espíritu y la esposa dicen: Ven. Y el que oye, diga: Ven. Y el que tiene sed, venga; y el que desea, que tome gratuitamente del agua de la vida.

Apocalipsis 22:17

k. En el gran banquete, disfrutarás los frutos.

Mas el fruto del Espíritu es amor, gozo, paz, paciencia, benignidad, bondad, fidelidad, mansedumbre, dominio propio; contra tales cosas no hay ley.

Gálatas 5:22-23

l. En el gran banquete, disfrutarás el vino: la sangre de Jesús.

Y tomando una copa, y habiendo dado gracias, se la dio, diciendo: Bebed todos de ella; porque esto es mi sangre del nuevo pacto, que es derramada por muchos para el perdón de los pecados.

Mateo 26:27-28

109. **Debes ser un ganador de almas porque la gente está desperdiciando su vida sin Jesús.**

Y cuando todo lo hubo malgastado, vino una gran hambre en aquella provincia, y comenzó a faltarle...

Lucas 15:14, RV60

110. Debes ser un ganador de almas para darle a la gente una oportunidad de llegar a ser nuevas criaturas. Cuando la gente se salva, se convierten en nuevas criaturas y son regeneradas.

De modo que si alguno está en Cristo, nueva criatura es; las cosas viejas pasaron; he aquí, son hechas nuevas.

2 Corintios 5:17

El nos salvó, no por obras de justicia que nosotros hubiéramos hecho, sino conforme a su misericordia, por medio del lavamiento de la regeneración y la renovación por el Espíritu Santo,

Tito 3:5

111. Debes ser un ganador de almas para que los pecados de la humanidad sean purificados mediante la sangre de Jesucristo.

Y según la ley, casi todo es purificado con sangre, y sin derramamiento de sangre no hay perdón.

Hebreos 9:22

112. Debes ser un ganador de almas porque necesitamos ser reconciliados con Jesucristo.

La reconciliación habla de volver a vincularte con tu Dios. Todo el mundo necesita estar vinculado con Dios. Por eso es que debemos ser ganadores de almas.

Siendo justificados gratuitamente por su gracia por medio de la redención que es en Cristo Jesús.

Romanos 3:24

113. Debes ser un ganador de almas para que la gente pueda tener paz con Dios mediante la sangre de Jesús.

... y por medio de El reconciliar todas las cosas consigo, habiendo hecho la paz por medio de la sangre de su cruz, por medio de El, repito, ya sean las que están en la tierra o las que están en los cielos.

Colosenses 1:20

114. **Debes ser un ganador de almas porque la gente necesita ser redimida (comprada) del diablo.** Ser redimido significa ser quitado de las garras de Satanás. Tu salvación es una adquisición legal que el enemigo no puede cuestionar.

Y cantaban un cántico nuevo, diciendo: Digno eres de tomar el libro y de abrir sus sellos, porque tú fuiste inmolado, y con tu sangre compraste para Dios a gente de toda tribu, lengua, pueblo y nación.

Apocalipsis 5:9

Sabiendo que fuisteis rescatados de vuestra vana manera de vivir, la cual recibisteis de vuestros padres, no con cosas corruptibles, como oro o plata,

Sino con la sangre preciosa de Cristo, como de un cordero sin mancha y sin contaminación,

1 Pedro 1:18-19, RV60

115. **Debes ser un ganador de almas porque *hoy* es el día de salvación.**

No hay mejor momento para ser salvo que ahora mismo. Nadie tiene garantizado el mañana. Solo tienes garantizado el ahora. Todos debemos tener la oportunidad de ser salvos hoy.

Dios otra vez fija un día: Hoy. Diciendo por medio de David después de mucho tiempo, como se ha dicho antes: si oís hoy su voz, no endurezcáis vuestros corazones.

Hebreos 4:7

116. **Debes ser un ganador de almas porque no podemos escapar si descuidamos esta gran salvación.**

No hay otra escapatoria mayor. Es la salida para todo el mundo. Debemos ser ganadores de almas porque todos tienen que conocer este gran método de salvación.

¿Cómo escaparemos nosotros si descuidamos una salvación tan grande? La cual, después que fue

anunciada primeramente por medio del Señor, nos fue confirmada por los que oyeron,

Hebreos 2:3

117. **¡Debes ser un ganador de almas porque un día nos regocijaremos por las semillas que sembramos y ganaron almas!**

Cada vez que anunciamos el evangelio, estamos sembrando semillas de salvación. Un día, veremos los frutos de haber ganado almas y estaremos contentos de haber sido ganadores de almas.

El que con lágrimas anda, llevando la semilla de la siembra, en verdad volverá con gritos de alegría, trayendo sus gavillas.

Salmos 126:6

118. **Debes ser un ganador de almas porque hay solo un camino que conduce al cielo.**

a. Hay un camino que al hombre le parece derecho; son los caminos del hombre.

Hay camino que al hombre le parece derecho, pero al final, es camino de muerte.

Proverbios 14:12

b. El camino del esfuerzo no es el camino al cielo ni a Dios.

Había un hombre solo, sin sucesor, que no tenía hijo ni hermano, sin embargo, no había fin a todo su trabajo. En verdad, sus ojos no se saciaban de las riquezas, y nunca se preguntó: ¿Para quién trabajo yo y privo a mi vida del placer? También esto es vanidad y tarea penosa.

Eclesiastés 4:8

c. Una vida de placer no es el camino al cielo ni a Dios.

Ahora pues, oye esto, voluptuosa, tú que moras confiadamente, que dices en tu corazón: "Yo, y nadie más. No me quedaré viuda, ni sabré de pérdida de hijos."

Pero estas dos cosas vendrán de repente sobre ti en un mismo día: pérdida de hijos y viudez. Vendrán sobre ti en toda su plenitud a pesar de tus muchas hechicerías, a pesar del gran poder de tus encantamientos.

Isaías 47:8-9

d. El ocultismo no es el camino al cielo ni a Dios.

No sea hallado en ti nadie que haga pasar a su hijo o a su hija por el fuego, ni quien practique adivinación, ni hechicería, o sea agorero, o hechicero,

Deuteronomio 18:10

e. Adorar a los ídolos no es el camino al cielo.

No os haréis ídolos, ni os levantaréis imagen tallada ni pilares sagrados, ni pondréis en vuestra tierra piedra grabada para inclinaros ante ella; porque yo soy el SEÑOR vuestro Dios.

Levítico 26:1

No te harás ídolo, ni semejanza alguna de lo que está arriba en el cielo, ni abajo en la tierra, ni en las aguas debajo de la tierra.

Éxodo 20:4

Cuidaos, no sea que se engañe vuestro corazón y os desviéis y sirváis a otros dioses, y los adoréis.

Deuteronomio 11:16

Serán vueltos atrás y completamente avergonzados, los que confían en ídolos, los que dicen a las imágenes fundidas: Vosotros sois nuestros dioses.

Isaías 42:17

f. Ser religioso no es el camino al cielo. Seguir tradiciones, cantar himnos sin conocer a Dios no es el camino al cielo.

Este pueblo con los labios me honra pero su corazon esta muy lejos de mi.

Mateo 15:8

g. Alcanzar dinero y fama no es el camino al cielo. **De nada sirven las riquezas el día de la ira, pero la justicia libra de la muerte. La justicia del íntegro enderezará su camino, pero el impío caerá por su propia impiedad.**

Proverbios 11:4-5

h. Seguir cualquier otra religión no es el camino al cielo. Las falsas religiones ofrecen muchos otros caminos que no son verdaderos.

Porque hay un solo Dios, y también un solo mediador entre Dios y los hombres, Cristo Jesús hombre,

1 Timoteo 2:5

Y en ningún otro hay salvación, porque no hay otro nombre bajo el cielo dado a los hombres, en el cual podamos ser salvos.

Hechos 4:12

i. Ser bueno y hacer buenas obras no es el camino. ¡Las buenas obras no te llevarán al cielo. El único camino es a través de la sangre de Jesús! Hay una vida que parece la vida, pero Jesucristo es la vida: Él da vida abundante.

Todos nosotros somos como el inmundo, y como trapo de inmundicia todas nuestras obras justas; todos nos marchitamos como una hoja, y nuestras iniquidades, como el viento, nos arrastran.

Isaías 64:6

como está escrito: NO HAY JUSTO, NI AUN UNO;

Romanos 3:10

j. Nadie, incluso tú, puede llegar al Padre sino por medio de Jesús. «Nadie» significa presidentes, tu madre, amigos, tus hermanos, tus profesores… ¡ven hoy a Jesús, ven a la cruz y ven a la sangre!

Jesús le dijo: Yo soy el camino, y la verdad, y la vida; nadie viene al Padre sino por mí.

Juan 14:6

119. Debes ser un ganador de almas porque *Mendel Taylor* dijo: «La iglesia debe enviar, o terminará».

120. ¡Debes ser un ganador de almas porque ahora tienes RAZONES MÁS QUE SUFICIENTES para ser un ganador de almas!

Capítulo 2

Misioneros y el ejemplo de la Misión Basel

ID, pues, y haced discípulos de todas las NACIONES, bautizándolos en el nombre del Padre y del Hijo y del Espíritu Santo, enseñándoles a guardar todo lo que os he mandado; y he aquí, yo estoy con vosotros todos los días, hasta el fin del mundo.

Mateo 28:19-20

Esta es la famosa Gran Comisión que obliga a todos los cristianos a ir por todo el mundo como predicadores. Por desgracia, es uno de los mandamientos de la Biblia menos obedecidos. La iglesia tiende a «quedarse» más que «ir». Estas fueron las últimas palabras de Jesús y, por tanto, deben ser tomadas muy en serio.

Este mandamiento es tan válido hoy como lo fue hace dos mil años. No sólo las promesas de prosperidad son válidas hoy. La instrucción de «ir por todo el mundo» todavía resuena fuerte y claro como un mandamiento eterno del Señor.

Este mandamiento cobra un nuevo sentido cuando piensas en la clase de mundo en el que vivimos. Las regiones donde el cristianismo solía estar activo ahora han cambiando. Las zonas espiritualmente vivas del mundo se han trasladado desde Europa a las regiones más pobres y carenciadas del mundo. Europa es el asiento de Satanás, donde la mayoría de las personas son ateas o incrédulas. Tenemos una gran necesidad de alcanzar esas partes del mundo.

Cambio de responsabilidades

Es como si la responsabilidad de difundir el evangelio pasó a manos de las personas de color. Siempre que pensamos en los misioneros, pensamos en gente de raza blanca que viene a salvar a las razas negras incivilizadas y no alcanzadas. Imaginamos misioneros blancos piadosos atravesando las sofocantes selvas tropicales para alcanzar a los salvajes que viven en las aldeas remotas.

Sin embargo, ¡todo esto cambió! No hay tantos salvajes en aldeas remotas como los había hace cuatrocientos años. Hoy, es la gente de raza blanca la que se ha convertido en seres paganos e infieles. Es la gente de raza blanca que vive en ciudades ricas y prósperas pero que no conoce a Dios.

No me malinterpretes: todavía quedan miles de aldeas y pueblos pobres que necesitan escuchar de Jesús. Pero nadie puede negar que el paisaje espiritual del mundo ha cambiado muchísimo. La nube de ignorancia y retraso se ha mudado a las naciones occidentales del mundo.

La muerte espiritual ha puesto sus congeladas manos en las iglesias de Europa. Los templos que albergaban a cientos de fervientes adoradores todos los domingos, hoy reciben menos de quince ancianos y ancianas.

Muchas iglesias se reúnen semana de por medio en vez de todas las semanas. Los domingos por la mañana, los jóvenes se están recuperando de las salidas y del libertinaje de la noche anterior. No tienen tiempo para Dios ni tampoco lo conocen.

En Suiza, por ejemplo, muchos de los pastores no creen en Dios. A menudo son empleados públicos que tienen que cumplir una obligación.

Una reciente encuesta del milenio realizada en Inglaterra reveló que solo el veintiocho por ciento de la población creía en la concepción tradicional de un «Dios personal». El treinta y siete por ciento en la encuesta mostró a Dios como «un espíritu o una fuerza de vida». Esto sin duda revela una falta de conocimiento de la Biblia y de sus enseñanzas.

Asimismo hubo una notable caída en el número de personas que creían en Jesús como el Hijo de Dios. El cuarenta y cinco por ciento de los entrevistados creía que Jesús era el Hijo de

Dios comparado con el setenta y uno por ciento en 1957. Esto muestra que en los últimos cuarenta años, más de un tercio de los creyentes abandonaron su fe.

Y debido al aumento de la iniquidad, EL AMOR DE MUCHOS SE ENFRIARÁ.

Mateo 24:12

Es hora de volver a cada rincón del mundo con las Buenas Nuevas de Jesucristo. Estoy agradecido por los estadounidenses y los europeos que vinieron al África con el evangelio. Quizás yo hoy pertenecería a otra religión, si ellos no hubieran venido.

Este mandamiento debe ser hoy tomado muy en serio. Si no vamos cuando Él nos ha dicho que lo hagamos, tal vez Dios se vea obligado a usar otros métodos para impulsarnos a los campos misioneros.

En Hechos 1:8, Jesús les pidió a Sus discípulos que esperaran el Espíritu Santo. Prometió que luego que el Espíritu Santo viniera, podrían ir muy lejos con el evangelio. Por desgracia, como la mayoría de nosotros hace, los discípulos no obedecieron el mandamiento sino que se quedaron juntos en la comodidad de Jerusalén.

Pero recibiréis poder cuando el Espíritu Santo venga sobre vosotros; y me seréis testigos en Jerusalén, en toda Judea y Samaria, y hasta los confines de la tierra.

Hechos 1:8

Es mucho más sencillo cambiar la alfombra en la iglesia y tener un picnic de iglesia que ir por todo el mundo y predicar. Cuando haces lo que cuesta y lo difícil, avanzas en la dirección correcta. Puede que no sea sencillo, ¡pero vale la pena!

Cuando la iglesia falló en enviar misioneros, el Señor permitió que la persecución hablara en voz un poco más alta sobre la obra misionera.

En aquel día hubo UNA GRAN PERSECUCIÓN contra la iglesia que estaba en Jerusalén; y todos fueron

ESPARCIDOS por las tierras de Judea y de Samaria, salvo los apóstoles.

Entonces Felipe, descendiendo a la ciudad de Samaria, les predicaba a Cristo.

Y la gente, unánime, escuchaba atentamente las cosas que decía Felipe, oyendo y viendo las señales que hacía.

Porque de muchos que tenían espíritus inmundos, salían éstos dando grandes voces; y muchos paralíticos y cojos eran sanados;

Así que había gran gozo en aquella ciudad.

Hechos 8:1, 5-8, RV60

¿Ves el poder que hubo entre los discípulos que estaban reunidos en Jerusalén? ¡Tuvieron que salir! ¡Cuando salieron, grandes cosas sucedieron. No tienes idea de lo que sucederá cuando salgas. Les hablo a todos los pastores y los hombres de autoridad en la iglesia. Es tu deber enviar hombres y mujeres misioneros a todo el mundo. **Si no lo haces, sin querer estás sentenciando esas partes del mundo al infierno y a una muerte espiritual.**

Me estremezco cuando me imagino lo que habría sido si los misioneros no hubieran sacrificado sus vidas para que algunos de nosotros conociéramos a Jesús. Es el mismo pensamiento que me impulsa en mi búsqueda del evangelismo mundial. Sé que dentro de mí descansa el poder para enseñar a naciones enteras. Jesús dijo que debíamos ir por todo el mundo y enseñarles a las naciones. Por tu obediencia, multitudes encontrarán paz y salvación. Creo que a menudo no conocemos el efecto de la obediencia de una persona.

Así que, como por la transgresión de uno vino la condenación a todos los hombres, de la misma manera POR LA JUSTICIA DE UNO VINO A TODOS LOS HOMBRES LA JUSTIFICACIÓN DE VIDA.

Romanos 5:18, RV60

La Misión Basel

La historia de la Misión Basel de Suiza siempre me intrigó. Quizás es porque mis abuelos y mi madre provienen de allí. Siempre me conmovió el sacrificio que los misioneros de Basel hicieron por el progreso del evangelio en Ghana.

¿No hay necesidad de misioneros?

Algunas personas pensaban que tal organización que enviara misioneros al mundo no era necesaria cuando el mismo pueblo suizo necesitaba a Cristo. Este es un argumento común que lleva a la «parálisis por análisis».

Sé que hay personas que hoy dirían: «¿Por qué debemos enviar misioneros a cualquier país cuando hay millones de personas que no son salvas en nuestro propio país?». «No hay necesidad de ir a ningún lado; ¡hay pecadores al lado nuestro!». «¡Es más económico hacer evangelismo en nuestro vecindario!». Como dije antes, me estremezco cuando pienso lo que habría sucedido si ese argumento hubiera prevalecido por encima del simple mandamiento que nos dio el Señor de «ir».

Quisiera citar el argumento que una de tales personas declaró contra el concepto de enviar misioneros de Suiza en el siglo diecinueve:

«¿No sería extraño, si enviáramos una misión desde Suiza, mientras existe una extrema necesidad de que alguien venga a nosotros para poner fin al desenfrenado paganismo nacional que reposa en la mente de nuestros propios nobles y plebeyos, tanto en las mentes brillantes como en las imbéciles?» (fragmento traducido de Schlatter, vol. 1, pág. 13).

Parece que hubo un debate tendencioso con respecto a si la gente debería ser enviada a los campos misioneros del mundo o no. Sin embargo, algunos miembros celosos que no se dejarían disuadir, fundaron *la Sociedad Misionera Evangélica Basel.* Poco a poco se estableció una organización misionera completa, con programas internacionales propios.

A todo el mundo

Verás, a partir de esta historia, que los suizos intentaron ir «a todo el mundo». No se dejaron distraer por el hecho de que en sus ciudades había pecadores. **Jesús nunca dijo que debíamos ir cuando todos los que estén alrededor de nosotros sean salvos. ¡Dijo que debíamos ir!** Fíjate cómo la iglesia en Suiza envió misioneros a todo el mundo a un costo muy alto. Enviaron personas a Rusia, África Oriental y Asia.

Mil ochocientos años después que Cristo hubo dado Su instrucción, ¡había necesidad de obedecer e ir por todo el mundo! Hoy, a dos mil años del mandamiento misionero de Jesús, ¡te declaro que todavía hay necesidad de que vayamos! ¡Debemos ir! Si lo amamos, ¡debemos alimentar Su rebaño! Debemos encontrar el modo de ir a toda nación del mundo con el evangelio de Jesucristo.

El ejemplo de los misioneros de antaño debería servirnos de inspiración en este mundo moderno. No debemos tan solo decir: «¡Vaya, qué esfuerzo!». ¡Debemos levantarnos y hacer lo mismo y más!

Veamos ahora cómo los misioneros de Basel entregaron sus vidas mientras obedecieron la Gran Comisión.

Los misioneros de Basel en Rusia

1En 1820, dos licenciados fueron enviados al Cáucaso (una zona que había sido anexada por el imperio ruso zarista). En estas vastas tierras, entre el mar Negro y el Caspio había considerables comunidades de colonos alemanes y suizos que necesitaban atención pastoral. Pero también había hasta el momento pueblos indígenas poco conocidos. Algunos de ellos habían sido cristianizados en los primeros comienzos de la fe mientras otros se habían vuelto al Islam.

Fue este último grupo a quien los misioneros de Basel intentaron alcanzar con el evangelio. No obstante, este esfuerzo terminó cuando el zar, ante una revuelta, echó del imperio a los misioneros.

La misión Basel continuó enviando misioneros al mundo a través de otras sociedades misioneras. El resultado de estas avanzadas abrió los ojos del liderazgo a nuevos horizontes misioneros. En particular, África occidental, India y China. Estos destinos finalmente se convirtieron en los blancos más importantes de las actividades de la misión Basel.

No fue sencillo y sin duda que tuvieron problemas. Surgieron discusiones con respecto a la subordinación jerárquica, cuestiones de liturgia y asuntos culturales. Sin embargo, la obra progresó y otras personas siguieron la idea de la misión Basel y se fundó, por ejemplo, la misión Bremen.

Los misioneros de Basel en Sierra Leona

Los primeros blancos de Basel en el África subsahariana fueron Sierra Leona y Liberia.

Estos territorios habían sido adquiridos por filántropos británicos y estadounidenses respectivamente con la intención de reasentar esclavos liberados. En ambos casos, contaban con el respaldo del gobierno. En Basel, este desarrollo fue visto como una buena oportunidad para ganar un punto de apoyo misionero dentro del poco conocido continente africano.

Se oía que estaba a punto de instalarse un nuevo sistema educativo. Por lo tanto, se necesitaban maestros y obreros pastorales.

Según el pensamiento del movimiento misionero europeo de la época, el «hombre blanco» tenía que pagar una enorme deuda moral debido al comercio de esclavos anterior. Esta deuda solo podía ser saldada con buenas obras. Otro aspecto fue que algunas sociedades indígenas todavía persistían en la caza y en la venta de los familiares más cercanos; tenían que ser librados de semejantes condiciones de retraso moral.

«Sierra Leona» era originalmente el único nombre de la península, donde está ubicada la moderna capital de Freetown. Freetown fue fundada en 1787. Los ex esclavos que debían ser reasentados vinieron desde Inglaterra y América del Norte, y más tarde también de barcos interceptados en el océano Atlántico. En aquel momento, el interior de la península aparecía en los mapas de los europeos como territorio tribal anónimo.

Fue precisamente en esta parte del país, donde los hombres de Basel al final quisieron trabajar: lejos de los asentamientos costeros bajo la influencia de los europeos. En enero de 1823, cuatro misioneros llegaron a Freetown y a partir de allí se atrevieron a seguir sus destinos individuales y fueron al interior del país. Dos de los «hermanos» estaban acompañados de sus esposas. Unos pocos meses después, los solteros y las esposas de los dos misioneros que quedaban murieron de fiebre amarilla, enfermedad que se había desatado en dimensiones epidémicas. En poco tiempo, la mayoría de la comunidad expatriada se había ido o estaba muerta.

Los «hermanos» que quedaron y un misionero, que habían llegado más tarde, permanecieron como los únicos europeos en el territorio. Regresaron a Freetown a continuar la obra de la Sociedad Misionera Británica basada en la Iglesia, bajo cuyo consentimiento habían llegado. Un año más tarde, la administración colonial decretó que de ahí solo se permitiría el ingreso de ciudadanos británicos para llevar a cabo la obra misionera. En esta etapa, el comité en Basel decidió cambiar su centro de atención y centrarse en Liberia.

Los misioneros de Basel en Liberia

El territorio de Liberia fue consagrado zona de reasentamiento en 1817 por la Sociedad Colonial Africana. Esta organización privada se formó en Washington donde gozó de respaldo gubernamental. El líder de la sociedad, un ciudadano estadounidense de nombre Jehudi Ashmun, fue designado el primer gobernador del territorio. Liberia, por lo tanto, debía ser desarrollada como tierra natal de los esclavos que habían obtenido la libertad en las plantaciones ubicadas al sur de los Estados Unidos.

En 1847, se convirtió en el primer país independiente del África sahariana. Como puede imaginarse, establecer en estas orillas una administración siguiendo el patrón estadounidense no fue para nada sencillo. En cierta momento de 1822, tres docenas de nuevos colonos tuvieron que pelear contra alrededor de ochocientos nativos.

Sin embargo, pocos años después, Ashmun encontró la comodidad suficiente para emitir un comunicado público que invitaba a las sociedades misioneras a comenzar a trabajar en Liberia. El llamado llegó a oídos dispuestos en Basel. Luego de la retirada de Sierra Leona, brindaba una nueva esperanza.

Las preocupaciones en cuanto a los riesgos de salud elevados fueron quitadas con la típica seguridad de aquellos que depositaron toda su confianza en las manos de «Aquel que los había llamado». El inspector Blumhardt escribió en la revista Misión de 1827: *«Hubiera sido una vergüenza para el nombre de Cristo cerrar nuestros oídos y corazones a la miseria y al clamor por ayuda de estas pobres almas en África, solo porque tememos los peligros de la muerte. Tampoco el comercio de esclavos europeo se asusta de los peligros de un clima devastador para la vida humana, cuando ronda las mismas orillas día y noche como un predador...»*

Como era de esperar, Ashmun había pintado un paisaje bastante optimista en el que *«la realidad y las ilusiones se fundían de manera inextricable»*. Ni siquiera había suficientes viviendas en la capital; los costos de vida eran altamente prohibitivos y, lo peor de todo, la población mostraba poco interés en lo que los misioneros tenían para ofrecer. El mismo gobernador se enfermó gravemente después de la llegada de cuatro misioneros de la Misión Basel en 1828. Pronto tuvo que ser repatriado a los Estados Unidos, donde falleció tres meses después.

Los administradores que quedaron no mostraron un interés genuino en el esfuerzo misionero. Parecía que alguien se había quedado con el correo proveniente de Basel en vez de entregarlo. Y el proverbio «la última gota que rebalsó el vaso» se hizo realidad en la hostil actitud de la comunidad bautista estadounidense, en ese entonces la única otra organización eclesiástica en Monrovia.

¡Estos cristianos, según se informa, estimaron necesario no admitir en los cultos a los «hermanos» de la misión Basel por la simple razón de que no habían sido bautizados conforme a las normas bautistas! Esto convertía a los recién llegados en predicadores incompetentes, dado que habían perdido toda credibilidad a los ojos de los pueblerinos.

Indignados, los misioneros abandonaron Monrovia para establecer sus estaciones en el interior, tal como lo habían hecho sus colegas años antes en Sierra Leona. Todos siguieron su camino para trabajar entre la población nativa. Poco a poco, el grupo volvió a disminuir debido a la muerte o enfermedad. Finalmente, el último capital misionero para sembrar se acabó, antes de que él pudiera establecer una base económica viable como esperaba el liderazgo en Basel.

Después de este fracaso, los directores de la misión decidieron invertir en una tierra más prometedora. Esto abrió el camino hacia el capítulo más exitoso de las actividades misioneras de la misión Basel en África: Costa de Oro. A esto subsiguieron otras aventuras en el continente negro, principalmente en Nigeria, Camerún, Congo y Sudán.[1]

Lecciones de la misión Basel

Hay dos lecciones importantes que podemos extraer de la misión en Liberia.

■ Los misioneros tuvieron que hacerse agricultores, comerciantes y constructores para sobrevivir como misioneros en un país extranjero.

Los misioneros debían establecer una «base económica viable». Esto significaba que debían encontrar trabajos que los sustentaran en el ministerio. Este es el ministerio laico puesto en práctica en el siglo diecinueve.

Puedes ver fácilmente que no es nueva la idea de hacer que la gente se gane el sustento mientras cumplen la obra del ministerio.

Siempre me sorprende que la gente quiera que la iglesia lleve una carga económica imposible que limite el alcance de su trabajo extensivo.

Hoy, las personas se enorgullecen de anunciar los cientos de personas que la iglesia contrata. Es como si mientras más personas tengas en tu planilla de sueldos, más exitoso eres. Estimado amigo: lo que importa es que seamos capaces de llevar a cabo cosas para el Señor. ¡Debemos ganar a los perdidos a cualquier costo! Si eso significa tener que buscar trabajo, que así sea. Si eso significa estar totalmente contratado por la iglesia, ¡que así sea!

■ Si los traficantes de esclavos estuvieron preparados para arriesgar sus vidas y salud recorriendo las orillas del África occidental tropical en busca de dinero, entonces los misioneros cristianos pueden arriesgar sus vidas por las almas.

Debemos aprender de la actitud del inspector Blumhardt que pensaba que era una vergüenza cerrar los oídos al clamor de las almas. Su lógica era muy simple.

Los misioneros de Basel en Ghana

1Alrededor de 1826, la misión Basel buscó ampliar su red de patrocinadores. Círculos religiosos con el mismo modo de pensar fueron abordados en Escandinavia. Estos progresos primero fueron tomados por el pastor Rönne, el inspector de la Sociedad Misionera Danesa (DMS, por sus siglas en inglés).

Rönne había sido profesor del heredero al trono y disfrutaba la confianza de la corte danesa. También estaba deseoso de darle al DMS un nuevo impulso, ya que estaba a punto de caer en un estado de apatía. Un acuerdo con la dinámica misión Basel pareció ser el enfoque correcto.

Justo el mismo año, Johan von Richelieu, el gobernador de la estación danesa de Christiansborg en la Costa de Oro (las fuentes danesas hablan de ella como «Golfo de Guinea»), llegaron a Copenhague durante una licencia. *Mientras informaba al rey, von Richelieu le recalcó a su majestad la necesidad urgente de maestros y predicadores en esta posesión danesa.*

Al igual que los otros poderes europeos que se habían instalado en la Costa de Oro, Dinamarca fue tras intereses esencialmente comerciales. Además de comerciar con la población indígena y alejar a los invasores de las zonas circundantes, la guarnición danesa ejerció muy poca influencia en el territorio.

El fuerte de Christiansborg con su población danesa y mulata era prácticamente un enclave europeo en tierra africana. Visto con los ojos del personal expatriado, pasar un período en la Costa de Oro era sinónimo de privaciones y limitaciones en muchas maneras.

Más aún: suponía un alto riesgo de mortalidad a través de sus enfermedades tropicales. Una persona iba allí solo para llenar el bolsillo lo más rápido posible, por lo general canjeando armas y licores por oro y esclavos.

Según la imperante ley danesa, cada empleado colono podía cohabitar con una mujer nativa, quien de ese modo adquiría ciertos derechos y privilegios. Esto dio lugar a un continuo crecimiento de la población mulata. Teniendo en cuenta las necesidades espirituales y educacionales de estas personas, y por supuesto el bien del personal de la guarnición danesa, el gobierno danés invitó a que los misioneros de Basel se radicaran en Christiansborg.

En la misión Basel, se tenía una perspectiva diferente. Según las normas misioneras, que eran notoriamente estrictas, el nivel de moralidad en Christiansborg parecía abismal. El comité misionero mostraba poco entusiasmo ante la idea de elevar la nueva y tan inestable clase de personas que resultaba de la promiscuidad de los soldados europeos.

En cualquiera de los casos, el enfoque de los misioneros de la misión Basel estaba en la población indígena, no en los europeos y en sus afiliaciones. Pero estaban listos para un acuerdo; es decir, dejar que uno de los miembros del personal sirviera a la guarnición, mientras los otros al final serían enviados a las afueras.

Finalmente, se llegó a un acuerdo, en el que ambas partes realizaron concesiones. La misión Basel obtuvo el permiso para trabajar en el interior y en respuesta aceptó la subordinación jerárquica de sus misioneros bajo un obispo luterano danés. Además, podían conservar la plena autonomía operativa.

En diciembre de 1828, cuatro misioneros llegaron a Christiansborg. Eran los alemanes Karl F. Salbach, Gottlieb Holzwarth y Johannes Henke y el suizo Johannes Schmidt. La muerte se interpuso de manera cruel. En pocos meses, tres de ellos habían muerto. Hacia fines de 1831, Henke, el cuarto de ellos, les siguió a la tumba.

Si no hubiera sido por el desacelerado ritmo de las comunicaciones en el siglo diecinueve, el comité misionero probablemente habría abandonado toda la idea. **No obstante, antes de que la noticia de la última muerte llegara a los cuarteles, el consejo de la misión ya había decidido enviar refuerzos.**

En 1832 llegaron: Andreas Riis y Peter Jäger, ambos oriundos de Dinamarca y Friedrich Heinze, médico de Sajonia. El doctor Heinze iba a estudiar la situación de los insólitos riesgos en la salud que enfrentarían en la Costa de Oro y elaboró recomendaciones para medidas preventivas. Como una ironía, la «muerte invisible» lo sorprendió primero. Poco tiempo después de esta pérdida, Riis sepultó a Jäger. *Casi sigue él, si no hubiera sido por un herbolario nativo, que vio a Riss en las peores convulsiones.* Un comerciante afro-danés, George Lutterodt, le ofreció luego a Riis su cómoda estancia para recuperarse.

En 1835, Riis comenzó a construir la primera estación de la misión en el interior, en la Costa de Oro. Fue en la ciudad de Akropong, capital del pequeño estado de Akuapem. Riis levantó primero sus habitaciones donde vivir. La casa fue construida sobre cimiento de piedra sólido y equipada con puertas, ventanas y un amplio techo funcional.

Los lugareños nunca antes habían visto tales atributos. Su enérgico modo de actuar le adjudicó a Riss el sobrenombre de «Osiadan», que significa el que construye casas (capítulo 3.3). Los misioneros que lo siguieron produjeron estructuras similares. Algunas pueden verse hasta hoy.

Akropong finalmente se convirtió en el centro neural de la misión Basel en Ghana. Hablando en términos simbólicos: *la casa con cimientos de piedra que Riis construyó en Akropong había servido como «¡la roca sobre la que la iglesia Basel fue construida!».*

¿Por qué Riis escogió a Akropong para fundar su primera estación misionera en el interior? Para responder a esta pregunta debemos ahora considerar en forma breve la segunda mitad del siglo dieciocho.

Allí descubrimos a otro extraordinario pionero: el ciudadano danés doctor P.E. Isert, botánico y médico de profesión, también un admirador del filósofo genovés Jean-Jacques Rousseau. Influenciado por su filosofía «de vuelta a la naturaleza», Isert estaba convencido de que el daño provocado en las sociedades africanas durante el período de tráfico de esclavos transatlántico podía repararse de algún modo, si uno alentaba y asistía a los africanos en la administración de sus propias «*colonias de plantación*» en tierras indígenas. Estas tierras podían reservarse para ex esclavos, que debían ganarse el sustento con los cultivos producidos para los mercados internacionales. *¡El concepto que aquí vemos emerger puede ser de hecho el primer proyecto de desarrollo alguna vez propuesto para África!*

Isert analizó su idea en un libro de gran venta luego de regresar de un viaje de exploración por la Costa de Oro en 1786. Con el mismo propósito, regresó más tarde a la Costa de Oro donde exploró la meseta en la cordillera de Akuapem, localizada a unos 60 kilómetros tierra adentro de Christiansborg. **Escribió en sus memorias que, literalmente, tuvo que abrirse camino por el monte cruzando 40 kilómetros de la llanura de Akra.** En la meseta, encontró un ambiente relativamente sano y acogedor.

En cualquiera de los casos, Nana Atiemo, líder supremo del estado de Akuapem en aquel entonces, con mucho gusto le concedió la tierra. El proyecto parecía despegar bien. Un primer informe del 16 de enero de 1789 fue elaborado por el mismo Isert y dirigido a Christiansborg. Como era de esperar, fue el último porque pronto sucumbió a la fiebre. Después de unos años, no obstante, el proyecto tuvo que ser abandonado. Sin embargo, los esfuerzos del doctor Isert no fueron desperdiciados. Inspiraron a los misioneros de Basel, que llegaron a la Costa de Oro medio siglo después.

Cuando los misioneros de la misión Basel arribaron a la Costa de Oro en 1828, el territorio (que luego se convirtió en la República de Ghana), tenía asentamientos británicos, daneses y holandeses intercalados a lo largo de la orilla.

Estos asentamientos eran en sí puestos comerciales fortificados en los cuales sus respectivos gobernantes ejercían control indirecto en las confinadas superficies que se extendían hasta no muy lejos en el densamente tupido cinturón costero. Varios reyes, entre ellos el líder de los asantes, el asantehene, el más poderoso, poseía el resto del territorio.

A lo largo del siglo diecinueve, el reino asante resistió con crueldad cualquier intento europeo de colonización. Solo luego de que los británicos hubieron comprado las posesiones danesas y holandesas y, por consiguiente lanzaron una campaña cohesiva en contra de los asantes, lograron subyugar esta nación de orgullosos guerreros. **En un momento dado de la extensa secuencia de guerras asantes, un grupo de misioneros de la misión Basel fue capturado en Anum, al este del río Volta. Los llevaron a Kumase, capital del reino y los tuvieron como rehenes durante cuatro años, aunque bajo un leve régimen de «arraigo»** (capítulo 3.9).

Dado la situación política que recién mencionamos, y también las disposiciones hechas con otras organizaciones misioneras en cuanto a sus prioridades regionales respectivas, la misión Basel permaneció la mayor parte del siglo diecinueve activa en la zona interior entre los ríos Volta y Pra.

A lo largo de la costa, la gente de Basel primero solo cubrió el cinturón de Ga y Dangme que rodea Accra, más tarde extendiéndose a Winneba al oeste y Ada al este. De ahí, la misión Basel operó entre las áreas de la misión Bremen que estaba dedicada desde 1847 al centro del país de Ewe, y aquella perteneciente a la misión (metodista) Wesleyana, que en 1835 se había establecido en Cape Coast y a partir de allí, se ocupó de extenderse hacia el oeste.

Todas estas sociedades misioneras tuvieron que mantenerse alejadas del reino asante, que luego se expandió hacia las zonas principales del cinturón forestal. La única excepción fue un intervalo de Wesleyan en Kumase, desde 1840 hasta aproximadamente 1870. Durante muchos de estos años, no obstante, no le permitieron al solitario representante mantenerse activo.

Solo luego de la deportación del titular asantehene Otumfuo Prempeh I, al castillo Elmina (más tarde a las islas Seychelles, que marcaron el fin de las guerras en Asante), se les permitió el ingreso las misiones cristianas a Asante. Este fue el momento crucial para la misión Basel, que en forma metódica había asentado las redes de sus estaciones misioneras en torno al dominio.

Finalmente, el año 1918 trajo fin a la participación de la misión Basel en la Costa de Oro como una organización eclesiástica independiente. **En aquella época, la misión alcanzaba el norte hasta llegar a Yendi en el cinturón de la sabana, se aproximaba al límite con la Costa de Marfil en dirección oeste y había consolidado sus posiciones orientales a lo largo del río Volta. De este modo, contaba con estaciones misioneras en un área que cubría aproximadamente la mitad de la Ghana moderna.**[1]

¿No es sorprendente?

Es sorprendente ver el alcance de las actividades misioneras realizadas por gente blanca en África Occidental. Hace casi doscientos años cuando no había correo electrónico, teléfono, fax, aerolíneas, electricidad ni agua corriente, ¡la gente estaba preparada para ir lejos a lugares como Yendi al norte de Ghana! Aún hoy, en este siglo veintiuno, es raro que encuentres un pastor en Ghana dispuesto a ir a Yendi.

Estimado amigo: los europeos ya no viven en este evangelio por el que murieron. Ahora le toca a la gente que todavía tiene fe, llevar el evangelio a cada rincón remoto.

Vayamos más lejos que ellos, porque tenemos más conocimiento, más revelación, más equipamiento y más acceso. ¡Cubramos más áreas remotas que ellos! No fallemos en esta responsabilidad que Dios nos dio. ¡Debemos ganar a los perdidos a cualquier costo! Si tenemos que ser misioneros, ¡que así sea! Si tenemos que morir en tierra extranjera, ¡que así sea!

«Hubiera sido una vergüenza para el nombre de Cristo cerrar nuestros oídos y corazones a la miseria y al clamor por ayuda de estas pobres almas en África, solo porque tememos los peligros de la muerte. Tampoco el comercio de esclavos europeo se asusta de los peligros de un clima devastador para la vida humana, cuando ronda las mismas orillas día y noche como un predador...»

Inspector Blumhardt- 1826

---

[1] Extractos del capítulo: Retrato de una misión protestante, del libro «SOBREVIVIENTES DE LA COSTA DE ORO – Los misioneros de Basel en la Ghana colonial», de Peter A. Schweizer. Usado con permiso.

Capítulo 3

Claves para la cosecha

¿**P**or qué los pastores luchan por el rebaño? ¿Por qué los pastores quieren tener en su iglesia miembros de otras iglesias? ¿Por qué comienzan iglesias dividiendo a otras iglesias? Creo que es porque no conocen las claves para la cosecha. Déjame hablarte de dos llaves importantes.

1. La llave de la organización masiva

Hay más que suficientes almas esperando ser salvas. No hay suficientes edificios que contengan la cosecha si fuere recogida. **Abre la cosecha con la llave de la organización masiva.** ¿A qué me refiero cuando digo organización masiva? Los pastores deben movilizar a los miembros de su iglesia a tener oración masiva organizada, ayuno masivo organizado y actividades de extensión masivas organizadas.

Qué aburrido debe ser si la vida de un cristiano es solo escuchar todas las semanas un sermón de treinta minutos. ¡Por el amor de Dios! El cristianismo debe ser más que ser un calienta bancos. Los cristianos deben encontrar satisfacción cuando oren y ayunen por las almas.

¿Sabes por qué tantas personas no asisten a la reunión de oración? Es porque el pastor mismo no se involucra.

El ayuno y la oración son la llave que quita las escamas de los ojos del pecador. Cuando oras antes de testificar, tendrás mejores resultados. ¡La gente será salva! Tal como Jesús, estarás ungido cuando ores. Si no eres una persona de oración, la gente te dirá: «Entiendo lo que dices, pero no estoy de acuerdo contigo». ¡Toda tu predicación resbalará! ¡Les hablo a los pastores ahora! Movilicen a toda la iglesia a la oración. Movilicen a toda la iglesia al ayuno. Oren por el crecimiento de la iglesia. Oren por la salvación. Oren para que la gente nazca de nuevo. Obtendrás tremendos resultados.

La tarea de un pastor no es tan solo predicar y enseñar, sino guiar el rebaño. Debes guiar al rebaño en actividades de extensión y en ganar almas. Serán bendecidos cuando tengan algo que hacer con su energía espiritual.

Organiza cruzadas, desayunos, evangelismo puerta a puerta, evangelismo en las calles y conciertos que ganarán almas. Involucra a toda la iglesia y descubre el gozo de ganar almas.

Un domingo, haz que tus miembros salgan y traigan a quien encuentren en las calles. La semana siguiente, pon en marcha la «operación alcanzando a la familia», es decir, un domingo cuando cada uno lleve a la iglesia a su entorno familiar inmediato. Luego organiza domingos de «operación: trae a tus colegas». Todos los miembros invitarán a sus compañeros de trabajo. Serás parte de un tremendo crecimiento en la iglesia.

Un día, averigua cuántos miembros de tu iglesia fueron salvos en la iglesia. Mientras más actividades para ganar almas hagas, descubrirás que más y más miembros vendrán por medio de ellas.

Es mejor tener un crecimiento a través de ganar almas que por medio de la transferencia de miembros de otras iglesias, enojados y descontentos.

2. La llave de Anagkazo

«*Anagkazo*» es una palabra griega que significa «obligar, forzar, impulsar, exigir, amenazar y usar cualquier medio a tu disposición» para convencer a alguien (Lucas 14:23). Descubrirás que Jesús usaba la palabra «*anagkazo*» cuando hablaba de evangelismo. El maestro envió a sus siervos a anagkazo a cualquiera que encontraran en las calles, carreteras, setos y en las alcantarillas.

Entonces el señor dijo al siervo: «Sal a los caminos y por los cercados, y oblígalos [*anagkazo*] a entrar para que se llene mi casa».

Lucas 14:23

Muchos de los que fueron invitados a la fiesta en un principio no se molestaron en ir. ¿Qué intenta decirnos Jesús? **El Señor nos está mostrando que las invitaciones amables no alcanzarán a los perdidos.** Tenemos que usar cualquier otro medio a nuestra disposición. Nuestras iglesias estarán vacías si no usamos la llave de *anagkazo.*

En los capítulos previos de este libro, conté cómo organizamos una cruzada internacional en un prominente parque en nuestra ciudad. Una de las llaves que nosotros usamos fue *la llave de anagkazo.* Cuando la multitud se hubo reunido, les dimos una orden a los jóvenes y ancianos por igual. Les dijimos que salieran a las calles donde estaban las prostitutas y los quebrantados de corazón y que los trajeran. Hubo una orden clara: «No regresen solos a la cruzada. ¡Deben traer un alma con ustedes!».

Yo mismo salí con el evangelista estadounidense que nos visitaba y juntos trajimos algunas personas al campo donde realizábamos la cruzada. No intentamos impresionar a nadie. Intentamos obedecer el mandato de nuestro Amo. Muchas cosas que son impresionantes para el ser humano no lo son para Dios.

Escuché a un evangelista describir cómo había impreso varios millones de libros y los había distribuido en todos los hogares en una parte de Europa. Lo que más me emocionó fue cuando contó que setenta millones de personas le habían escrito de vuelta respondiendo a Cristo a través de los libros. Eso es *anagkazo* en acción: ¡obligando el evangelio en cada hogar! Él estaba usando todos los medios disponibles para llegar a buzones europeos rebeldes.

Estimados amigos: nuestra amable sonrisa cristiana tienen poco efecto en un mundo hostil lleno de escépticos. ¡La gente no confía en nada ni en nadie! Los africanos pensaban que podían confiar en sus líderes. Entonces llegaron los dictadores que, como vampiros, chuparon las riquezas de sus naciones. Los estadounidenses pensaban que podían confiar en el presidente y entonces llegaron los escándalos presidenciales.

La gente pensaba que podía confiar en los pilotos y en los ingenieros y entonces llegaron los accidentes de la TWA,

Swissair, Kenya Airways y Concorde. Muchas personas confiaron en los pastores y entonces llegaron los escándalos de los teleevangelistas.

La gente es escéptica a las soluciones que ofrecemos por medio de Cristo. Es hora que nos levantemos con la llave de anagkazo y traigamos la mies. Usemos todos los medios disponibles, como ser invitaciones, advertencias y súplicas. Usemos la radio, la televisión y los medios de comunicación impresos. Salgamos a un mundo que se muere y démosle las buenas nuevas de salvación.

Si una casa se estuviera quemando y pudieras ver que la persona está a punto de morir, ¿le darías un golpe suave con el codo o lo sacudirías despertándolo de su sueño? ¡Gana a los perdidos a cualquier costo! ¡Gana a los perdidos si eso significa usar *anagkazo. (Consulta el libro «Anagkazo» escrito por este autor).*

Capítulo 4

El ministerio de seguimiento

Gráfico de población/seguimiento

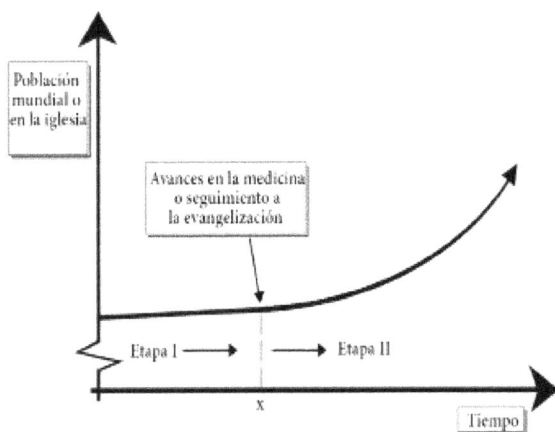

Primera etapa

■ La tasa de mortalidad era elevada.

■ Sin medicamentos, sin respuestas médicas.

■ El crecimiento de la población era muy lento.

Segunda etapa

■ En un momento «x» hubo una revolución médica.

■ La tasa de mortalidad se redujo enormemente: pocas personas morían.

■ De repente, la población comenzó a crecer de manera vertiginosa.

112

Si una iglesia está en la primera etapa, muestra un crecimiento escaso o nulo. *Cuando una iglesia comienza a practicar el seguimiento, retiene a los convertidos que gana con la evangelización. Fíjate cómo el crecimiento de la iglesia aumenta en la segunda etapa.*

A partir del gráfico podrás ver que el seguimiento conduce a la retención de almas. **Sin un ministerio de seguimiento, el evangelismo es prácticamente una pérdida de tiempo, dinero y recursos.** Toda iglesia debe desarrollar un ministerio de seguimiento eficaz que trate con las almas que vienen al Señor.

No abandones a tu bebé recién nacido

El ministerio de seguimiento es un modo científico de prevenir la pérdida de convertidos. Se invierte muchísima energía en ganar a los perdidos. Una cantidad de tiempo y recursos proporcionales debe invertirse para retener la cosecha. Una de las cosas más tristes que vi en el hospital, fue un bebé pequeño abandonado por su madre. La madre había atravesado nueve meses de embarazo, luchado en el trabajo de parto y finalmente dado a luz una fuerte beba.

Cuando nadie miraba, esta mujer se escabulló de la sala de partos y desapareció. ¿Qué iba a suceder con ese bebé? Su futuro descansaba en las manos del destino. Me sentí muy triste cuando las enfermeras tuvieron que pedir que algunas madres lactantes donaran un poco de leche al bebé.

Déjame hacerte una pregunta: ¿qué pasará con todas las almas que vengan al Señor? **El seguimiento de los nuevos convertidos es como la lactancia a los bebés.**

El crecimiento de la población del mundo es muy similar al crecimiento de la iglesia. La población del mundo se ha mantenido considerablemente durante cientos de años. A final de siglo, las cosas empezaron a cambiar y la población comenzó a crecer drásticamente.

La razón de este momento decisivo no fue porque la gente tenía más bebés. Tampoco se debió a que la gente joven tenía más bebés. Fue gracias al desarrollo de la medicina que tuvo lugar a comienzos del siglo veinte. Una drástica reducción en la tasa de mortalidad resultó en una población mucho más numerosa.

Si la iglesia hiciera el seguimiento y conservara a las personas que gana, la iglesia experimentaría un crecimiento importante. Plantar iglesias donde se realizaron cruzadas y evangelismo es otra parte importante del seguimiento. El seguimiento también implica oración por los convertidos que fueron ganados para el Señor.

Hijos míos, por quienes de nuevo SUFRO [oro] dolores de parto hasta que Cristo sea formado en vosotros,

Gálatas 4:19

Debes sufrir por tus almas en oración. De esta manera se las sigue espiritualmente. Luego del seguimiento espiritual, debes visitarlas. Los nuevos convertidos se afirman a través de la visitación. En mi iglesia, no solo tenemos consejeros sino también personas que visitan también las casas de los convertidos.

Evita este error

Un error común que la gente comete cuando realiza el seguimiento es malgastar tiempo en convertidos no serios y «no salvos». Pablo le dijo a Timoteo que pasara tiempo con la gente fiel que mostrara un serio interés con Cristo.

Y lo que has oído de mí en la presencia de muchos testigos, eso encarga a hombres fieles que sean idóneos para enseñar también a otros.

2 Timoteo 2:2

Capítulo 5

Cartas de un ganador de almas

Si mal no recuerdo, siempre tuve una visión de ganar almas para Cristo. En mis últimos días en la universidad, conocí a un estudiante de abogacía llamado E.A.T. Sackey. Resultó ser compañero y amigo de mi esposa, así que naturalmente nos hicimos buenos amigos. Pronto descubrí que él y yo teníamos intereses similares como ganar almas. Creo que es lo que nos unió en el ministerio.

Hace poco descubrí algunas de las cartas que él me escribió cuando los dos estábamos en la universidad en 1988. En aquel entonces, yo era estudiante de medicina y él de abogacía, pero ni la medicina ni la abogacía pudieron ahogar nuestro llamado divino y nuestro deseo de ganar más personas para Cristo. Me alegra que ambos estemos en el ministerio hoy.

Me pongo muy contento cuando veo que se les predica a los perdidos. A continuación reproduzco cuatro cartas que mi amigo me escribió. A medida que las leas, creo que serás inspirado a lanzarte a la mies.

Cuatro cartas memorables

1. **Bautizados con el celo**

2. **Soñando con el evangelismo**

3. **Estoy contigo**

4. **Muramos predicando**

Bautizados con el celo

29-5-1986

Dag:

Si alguna vez necesitamos un bautismo del cielo, debería ser un bautismo con celo. «El celo de tu casa me ha consumido.» En verdad necesitamos ser consumidos con una pasión apasionada.

Una carga que nos haga sentir incómodos hasta que veamos y salvemos al ser humano de la oscuridad de las tinieblas y los traslademos al reino de Su amado Hijo. *Estos deben ser nuestros pensamientos cuando andamos despiertos y nuestros sueños cuando dormimos.*

En verdad necesitamos el amor que es ciego a todos los peligros posibles de la misión. El amor que ignore la seguridad personal, desprecie lo extraño, quite de su vocabulario la palabra «sacrificio», no necesite muletas, ignore todos los peligros y no tolere la holgazanería.

Recuerda que el maestro salió a la HORA ONCE y encontró que algunos hombres todavía andaban por los mercados. ¡Que Dios nos ayude! En esta hora once, la iglesia parece estar holgazaneando, despreocupada de sus responsabilidades. Realmente dudo si quiero ser parte de este sistema. Estoy comenzando a creer que no es el pecado del mundo lo que enferma a la iglesia, sino el pecado y la despreocupación de la iglesia lo que está enfermando al mundo. Me empieza a molestar la complacencia en la iglesia. Estoy lleno de un enojo Santo: contra el diablo, contra el pecado, contra nuestra incredulidad y también contra la iglesia.

Todo en el mundo está quebrantado: la confianza en el gobierno, la confianza en el dólar, los matrimonios se separan y los adolescentes destrozan sus mentes con drogas. Todo está quebrantado... excepto algo: los corazones de los creyentes. Pero todavía creo que necesitamos corazones quebrantados para enfrentar este desorden colosal. Llorar es un mandamiento. Pero debe haber acción luego (Joel 2:7). El presente letargo en la iglesia es casi imperdonable. Necesito soportar un corazón quebrantado antes que la frialdad en la iglesia. ¡Sí! Los campos están verdaderamente blancos.

DAG, LIGUEMOS NUESTROS CORAZONES A LA CAUSA DE ALCANZAR A LOS NO ALCANZADOS.

Necesitamos volvernos insensibles a lo que otros opinan de nuestro celo. No debemos preocuparnos por cuánto nos costará ser consumidos por Dios. Si somos adulados o engordados, estimados o despreciados, condenados como necios o como filósofos, con un informe positivo o negativo, besos o maldiciones, debemos estar listos para llevar a cabo la voluntad de Aquel que nos envió.

Necesitamos salir y alejarnos del sistema centralizado que parecemos tener en Accra. La iglesia está fundada en talentos, competencia «teniendo apariencia de religión pero habiendo negado su poder» (2 Timoteo 3:5).

Aunque la oración del fariseo siempre es vista como algo no muy bueno («Dios, te doy gracias porque no soy como los demás hombres: estafadores, injustos, adúlteros, etc.»), ¿cuántos compañeros en la iglesia pueden hacer tal oración? ¡Que Dios nos ayude!

Oro, como lo hizo Habacuc: «SEÑOR, EN LA IRA ACUÉRDATE DE LA MISERICORDIA».

Cariños para todos.

EATS

Colaborador

Soñando con el evangelismo

c/o C 52

An/Sarbah Hall

1987

Hola hermano Dag:

«Doy gracias a mi Dios siempre que me acuerdo de ti.» Bueno, como tienes tanto que hacer en estos momentos cruciales, mejor escribo una nota y no una carta.

Siempre le agradezco a Dios por la misión que nos llamó a realizar. Ayer Dios me dijo en forma clara que mejor me tomara en serio este ministerio porque el tiempo es corto y sé que tú también estás de acuerdo. Estoy empeñado en ver la mano poderosa de Dios en nuestro ministerio.

Nunca estaré satisfecho con nada menos que eso y Dios mismo lo sabe. Mientras nos preparamos para despegar, estoy tan seguro del hecho que Dios será confirmado, de modo que lo que se dijo de Cristo, «varón aprobado por Dios con señales y milagros» también se dirá de nosotros y del ministerio; para que la fe del hombre no descanse en la sabiduría de los hombres sino en el poder de Dios.

Sé que en verdad hacemos mucho. Te veo como una respuesta a una necesidad en mi vida. Tal vez no entiendas esto muy bien, pero espero que Maame te lo explique mejor. EL PODER DEL EVANGELISMO EN MÍ SE HACE CADA VEZ MÁS FUERTE CON CADA DÍA QUE PASA. NUNCA DISMINUYE. SUEÑO CON ÉL, DESPIERTO CON ESE SUEÑO Y VOY A LA CAMA, MIENTRAS ÉL SIGUE OCUPANDO GRAN PARTE DE MI MENTE.

Sé que Dios nos guiará por Su Espíritu y veremos con nuestros ojos a muchos acercándose a saborear por primera vez «el don inefable». Lo que el Espíritu te diga y la dirección que Él te esté dando, ten por cierto que yo estaré de acuerdo contigo.

Dag, tenemos que lograrlo, podemos lograrlo y lo lograremos en el nombre de Jesús. Bueno, por formalidad, déjame desearte éxitos en tus exámenes. No es común que fracases.

Saludos a Asamoah, Stanley, Donkash y todos los que siguen al Señor con corazón limpio. Gracia y paz te sean multiplicadas. Planeaba ir a la iglesia allí el domingo pero no puedo porque debo predicar en el Instituto Náutico. Estaré allí el próximo domingo.

Saludos de parte de Cynthia, por supuesto.

Cariños,

Hermano T

Espero que luego de los exámenes estés libre lo suficiente, con el permiso de M, para que podamos conversar y orar por estos tiempos.

Estoy contigo

Pastor:

Le doy gracias a Dios cada vez que me acuerdo de ti. De hecho, significas tanto para mí y no me siento digno de ser un colega tuyo. Sin embargo, Dios ha visto mi baja condición y me ha concedido favor ante tus ojos. Por lo tanto, ¡todos los hombres me llamarán bienaventurado! Por favor, no dejes que Maame te diga que es mi cháchara normal. Lo digo de corazón y Dios es mi testigo.

Bueno pastor, confío mucho en ti como pastor y sé que somos un terror para el reino del diablo y una gran vergüenza para los demonios. Aleluya.

Vamos a trabajar juntos, caminaremos juntos y seremos una impávida amenaza para el mundo espiritual negativo.

Y también deseo usar esta ocasión para reafirmar mi súplica y compromiso contigo. Quiero que sepas que puedes confiar en mí hasta lo último. Soy una persona muy estable y firme de pensamiento, propósito y objetivo.

¡Gloria a Jesús!

En verdad desearía ir a casa y darte un abrazo de cumpleaños pero donde estoy, estoy limitado e inhibido por las circunstancias. Estoy contigo en el espíritu.

Hermano T

Muramos predicando

C47 An/Sarbah

Legon

20/6/86

Hola hermano Dag:

Solo el Espíritu Santo puede revelarte lo que ha sucedido en mi corazón ya que regresé de Korle-Bu. Como dije, nunca supe que tenías esa visión. Bendigo a Dios por tu vida y por permitirnos conocernos en estos tiempos cuando tantos creyentes ven la segunda venida de Cristo y el fin de los tiempos como asuntos de extraña curiosidad.

*La esperanza de la venida de Cristo sin duda no es una cláusula escapista. **No es una coartada para no involucrarse. Al contrario, es un estímulo a la santidad, al evangelismo y a la obediencia.** Es una maduración para hacer NUESTRAS las palabras de Dios, porque dijo Jesús: «Negociad entretanto que vengo» (Lucas 19:13).*

Un hombre dijo que debemos comportarnos y dar y amar y trabajar como si Jesucristo muriera ayer, resucitara hoy y regresara mañana.

Sin duda que la necesidad más grande de la iglesia hoy no es más miembros, más edificios ni más dinero. La cuestión suprema es las misiones y el evangelismo, el arrepentimiento y el avivamiento. No es fortaleza ni grandes riquezas lo que Cristo demanda de Su iglesia en vísperas de Su venida. Es la fidelidad a Él y la obediencia a Su voluntad y a las oportunidades que Él nos da.

DAG: ¡MURAMOS PREDICANDO! *Entreguemos todo el corazón a eso. Hagamos de ello nuestro negocio de modo que podamos decir con Pablo: «mi evangelio». Marca una gran diferencia.*

Seamos instrumentos flexibles en las manos del Maestro. Él nos necesita. Me muero porque llegue el próximo semestre. ¡Al fin, nuestro tan deseado señales-maravillas-milagros se acerca! Gloria.

Puedo ver a los míos conocer a Dios. Puedo ver el poder de Dios presente para liderar y para ver el establecimiento y la abundancia en el reino de Dios. ¡Gloria!

Dag: lamento mucho si no me expresé bien. El Espíritu te lo revelará. Tengo una carga que no puedo describir. Rebosa en todo mi ser y en mi corazón. La Palabra de Dios es como fuego en mis huesos. El mundo nos espera.

Hay un mandamiento que viene de arriba: «Id por todo el mundo». Hay un clamor que viene de abajo: «Padre Abraham, envía a alguien que les predique a mis parientes»; y hay un

llamado desde afuera: «Pasa por Macedonia y ayúdanos».

SIN DUDA LO HAREMOS, AUN SI SIGNIFICA SACRIFICIO E INVERTIR HASTA EL ÚLTIMO CENTAVO O CAMINAR SOBRE BOTELLAS ROTAS.

Y el Dios de toda gracia estará con nosotros. Saludos de mi amada C.

EATS

Capítulo 6

Una oración y una profecía

Señor Jesús, oro por tu pueblo. Oro con todo mi corazón por cada persona que lea este libro.

Oro para que tú transmitas a sus corazones la carga que tú tienes Señor. Muéstrales la razón por la que tú creaste la iglesia: la razón por la que existimos. Y la razón por la cual nos uniste como iglesia. Muéstranos, Señor, los motivos para reunirnos cada vez.

Ayúdanos a saber que no es para lucir nuestros vestidos nuevos, nuestros trajes nuevos ni nuestros zapatos nuevos. ¡Muéstranos, es mi oración, Señor! Revélaselo a cada persona que lea este libro. No puedo explicárselos, Señor. Hice lo mejor que pude. He hablado y he escrito, pero eres tú, Espíritu Santo, el que puede revelárselo a la gente.

Señor, revélate. Elige a los evangelistas que estás buscando. ¡Encuentra a las personas que estás buscando para ayudarte a llevar a cabo esta gran obra! Veo una vasta cosecha delante de nosotros. Oro, Dios, que tu carga descienda sobre tu pueblo. Oro por los inversionistas, que tú los unjas y les des corazones ganadores de almas.

Oro por los partidarios y los colaboradores que nos ayudarán en el ministerio. Son personas que nos asisten para realizar la Gran Comisión. Dios, oro por ellos hoy.

Espíritu Santo, abre los ojos de tu pueblo y haznos ver la mies que está madura y esperándonos. Ayúdanos a ver a los perdidos que caminan sin rumbo alrededor de nosotros. Haznos ver cómo las personas vagan como ovejas sin pastor.

Jesús, oro para que tú camines en medio de tu pueblo y vuelvas a tocar nuestros ojos y corazones. ¡Haznos saber por qué estamos vivos! Revélanos qué debemos hacer. Señor Jesús, oro con todo mi corazón. No puedo mostrárselos pero tú puedes.

Espíritu Santo, tú puedes mostrarle a tu pueblo lo que quieres.

Señor, no puedo transmitírselo pero tú puedes. Padre, en el nombre de Jesús, que tu obra se cumpla y venga tu reino. Que tu obra sea para nosotros más importante que cualquier otra cosa. Que las almas comiencen a ser cosechadas. Que las finanzas lleguen como sustento a este gran esfuerzo. Danos un corazón, Padre celestial, para las almas. Ayúdanos a ganar al perdido a cualquier costo.

Dales a los pastores un corazón para ganar almas. Mientras cuidemos tu rebaño, que nunca olvidemos por qué somos pastores. Ayúdanos a ser más como tú que viniste a buscar y a salvar lo que se había perdido. Oro en el nombre de Jesús. Gracias SEÑOR. ¡AMÉN!

UNA PROFECÍA

Hoy, ciertas personas son estrellas en este mundo. Señor, tú nos mostraste con claridad que en los días que vendrán, distintas personas serán estrellas. Que los que ganen almas y los que lleven muchos a la justicia resplandecerán como estrellas para siempre.

Serán las personas que conozcan a su Dios. Las estrellas serán las personas que lleven a muchos a la justicia. Sí, serán aquellos que aportaron en la tarea de ganar y recoger almas para el reino de Dios. Serán los que traigan la mies, dice el Espíritu del Señor.

Esta es mi comisión para la iglesia. Esta es la gran comisión para la iglesia y para el pueblo de Dios. Esta es la obra que te llamé a hacer. Salir y ganarlos. No digas: «Todavía no es hora». No digas: «Lo haré el año que viene». Porque los campos están blancos y la mies está lista. Porque la gente está esperando en grandes cantidades ser cosechada y ganada para mí. Sí. El Islam no es el camino, la verdad y la vida. Nadie viene al Padre sino por mí. Por lo tanto, cuéntales este mensaje al mundo.

Toma la Palabra de Dios, que es como un martillo, dice el Señor. Toma la Palabra de Dios, que es como fuego y ve con ese fuego. Ve con el martillo. Ve en el poder de mi Palabra. Porque mi Palabra irá y no volverá vacía sino que cumplirá el propósito para el cual la envié, dice el Espíritu de Dios.

Escúchame: las estrellas cambiarán. Cambiarán. El Señor te dice que hay algo para ti. Hay un futuro para ti.

No seas corto de vista. No veas solo el hoy sino también mira los años por venir. ¡Mira la eternidad! Puedes resplandecer como una estrella en la eternidad. La eternidad comenzará, comenzará en breve. Comenzará pronto, dice el Espíritu.

¡FIN!